小学校 国語 指導スキル大全

授業力アップのための必須スキルを**80本収録！**

中村和弘・清水 良 編著

明治図書

はじめに

　2020年から新しい学習指導要領がスタートします。「主体的・対話的で深い学び」「カリキュラム・マネジメント」「言葉による見方・考え方」など，新しい言葉が使われ，国語科の内容も〔知識及び技能〕と〔思考力，判断力，表現力等〕とに再編成されました。

　学習指導要領では，どのような教育が大切なのかという「方向性」と，何を教えればという「内容」が示されています。授業をつくっていく上で，この「方向性」と「内容」は大切ですが，肝心の「どう授業すればいいのか」という〈方法〉は，学習指導要領では触れられていません。「方向」と「内容」は学習指導要領が示すとしても，それをどう教えるかという〈方法〉は，私たちに全権が委ねられているともいえます。

　新学習指導要領の方向と内容を理解し，実際に授業を行っていくためには，今まで以上に方法も大切になってくるでしょう。そして，その方法こそ，国語科の授業実践の長い歴史の中で様々に創造され，先輩の教師から中堅の教師へ，そして若手の教師へと，世代を超えて受け継がれてきたものです。指導スキルはいわばリレーのようなもので，それぞれの教師がゼロから全てを生み出すのではなく，先輩の教師からバトンタッチされたものをさらに工夫を重ね，次の世代の教師たちに手渡していくものです。

　小学校と中学校の国語科の授業時数は，9年間で標準1846時間になります。そのうち，小学校の配当時間は1461時間。実に全体の8割の時間を，小学校で使い切ります。小学校は原則として学級担任制ですから，国語の授業は担任の教師が教えます。中には「国語の授業は苦手」という先生もいらっしゃるかもしれません。ただ，中学校で教科担任制になり国語の専門の教師が教えることになったとしても，小学校で身に付かなかったことを残り2割の時間で学び直すには，どうしても限界があります。

国語の授業は，学年が上がるほど時間数が少なくなります。つまり，その学年で身に付かなかったことを上の学年で学び直すのは，難しいということです。その学年で必要なことは，しっかり身に付けていくことが大切です。そのためにも，「そのことを教えるには，どのようにすればいいのか」「どのような方法が効果的なのか」という指導スキルが欠かせません。

　一口に「国語の指導スキル」といっても，様々な方法がありますし，少ないよりはたくさん知っていた方がよいに決まっています。ただし，多くの教科・領域を教えなければならないのが小学校ですから，本書では，実際の授業の中で生かせる，そして効果的なものを選んで載せています。

　東京学芸大学附属世田谷小学校では，夏と春に先生方向けの研修セミナーを行っています。特に春休みのセミナーでは，新年度の授業づくりに向けて，全国の先生にお声をかけ，実践報告をしたり，ワークショップを行ったりしています。

　本書を執筆してくださったのは，そうしたセミナーなどでお知り合いになった先生方です。国立大附属小，私立小，公立小と，様々な立場で，国語科の授業実践を工夫されています。紹介されているスキルは，単に言葉だけのものではなく，その先生ご自身が学び，実際に教室で実践された中から選ばれたものばかりです。

　本書で紹介された指導スキルを手がかりとして，読者の先生お一人お一人が実践を通して工夫を重ね，教え方の「引き出し」を増やしていただければと思います。そして，「こんな工夫もあるよ」「このように指導するといいですよ」と，まわりにおられる国語の授業が苦手な先生や若手の先生に，〈方法〉のバトンをつないでいっていただければ幸いです。

2019年3月

中村　和弘

清水　良

Contents

はじめに　2

Chapter 1　国語授業づくりの鉄板スキル5

❶主体的・対話的で深い学びのある国語授業づくりスキル　10
❷教材研究・教材づくりスキル　11
❸単元開発・構想スキル　12
❹学習課題・発問づくりスキル　13
❺学習指導案作成スキル　14

Chapter 2　国語授業の指導スキル80

授業全般

❶年度初めの授業開きスキル　16
❷入門期（小1）の指導スキル　18
❸1年間のまとめ方スキル　20
❹他教科とのカリキュラム・マネジメントスキル　22
❺年間指導計画の活用スキル　24
❻授業の導入と学習課題の工夫スキル　26
❼学習のまとめと振り返りの指導スキル　28
❽発言のさせ方，指名の仕方のスキル　30
❾発問スキル　32
❿板書スキル　34
⓫ノート指導スキル（低学年〜中学年）　36
⓬ノート指導スキル（中学年〜高学年）　38
⓭ワークシートの作成＆活用スキル　40

- ⓮範読, 読み聞かせのスキル ― 42
- ⓯学校図書館（図書室）の活用スキル ― 44
- ⓰効果的な調べ学習の指導スキル ― 46
- ⓱授業中の振る舞い方スキル ― 48
- ⓲子どもが熱中して聞く話し方スキル ― 50
- ⓳子どもの言葉に耳を傾けるスキル ― 52
- ⓴授業のネタの探し方スキル ― 54
- ㉑授業づくりの上達スキル ― 56

評価・家庭学習

- ㉒ワークテストの活用スキル ― 58
- ㉓小テストの工夫スキル ― 60
- ㉔ドリルの効果的な使い方スキル ― 62
- ㉕通知表の書き方スキル ― 64
- ㉖家庭学習の工夫スキル ― 66

教材教具・教室環境

- ㉗国語教科書の効果的な使い方スキル ― 68
- ㉘教材教具の使い方スキル ― 70
- ㉙電子黒板, ICT の活用スキル ― 72
- ㉚教室環境の工夫スキル ― 74

言葉の指導

- ㉛語彙の指導スキル ……………………………………………………… 76
- ㉜漢字の指導スキル ……………………………………………………… 78
- ㉝言葉遣いの指導スキル ………………………………………………… 80
- ㉞音読・朗読の指導スキル ……………………………………………… 82

情報の扱い方の指導

- ㉟国語辞典，漢字辞典の使い方の指導スキル ………………………… 84
- ㊱百科事典，子ども新聞の活用のさせ方スキル ……………………… 86
- ㊲メモの取り方の指導スキル …………………………………………… 88
- ㊳思考ツールの活用スキル ……………………………………………… 90

言語文化の指導

- ㊴ことわざや慣用句の指導スキル ……………………………………… 92
- ㊵短歌や俳句の指導スキル ……………………………………………… 94
- ㊶古文や漢文の指導スキル ……………………………………………… 96
- ㊷硬筆書写の指導スキル ………………………………………………… 98
- ㊸毛筆書写の指導スキル ……………………………………………… 100
- ㊹読書の指導スキル …………………………………………………… 102

話すこと・聞くことの指導

㊺話すことの指導スキル 104
㊻聞くことの指導スキル 106
㊼話し合いの指導スキル（ペア，グループ） 108
㊽話し合いの指導スキル（クラス全体，討論） 110
㊾インタビューの指導スキル 112
㊿話すこと・聞くことの評価スキル 114

書くことの指導

(51)書きたいことを探す，決める指導スキル 116
(52)構成を考える指導スキル 118
(53)書き方を工夫する指導スキル 120
(54)推敲，共有の指導スキル 122
(55)日記や手紙を書く指導スキル 124
(56)詩や物語を書く指導スキル 126
(57)新聞づくりの指導スキル 128
(58)説明，報告，意見を書く指導スキル 130
(59)書くことの評価スキル 132

読むことの指導

- ⓬説明文・教材研究スキル ……………………………………………… 134
- ⓭説明文・段落や構成を考える指導スキル …………………………… 136
- ⓮説明文・要約したり要点を捉えたりする指導スキル ……………… 138
- ⓯説明文・読んだことを生かして書く指導スキル …………………… 140
- ⓰文学的な文章・教材研究スキル ……………………………………… 142
- ⓱文学的な文章・人物の行動や気持ちを考える指導スキル ………… 144
- ⓲文学的な文章・表現や描写を考える指導スキル …………………… 146
- ⓳詩の指導スキル ………………………………………………………… 148
- ⓴伝記の指導スキル ……………………………………………………… 150
- ㉑読むことの評価スキル ………………………………………………… 152

個々の指導（苦手な子や配慮が必要な子への指導）

- ㉒漢字が苦手な子への指導スキル ……………………………………… 154
- ㉓音読が苦手な子への指導スキル ……………………………………… 156
- ㉔書くことを面倒がる子への指導スキル ……………………………… 158
- ㉕字が乱雑になってしまう子への指導スキル ………………………… 160
- ㉖本に興味がない子への指導スキル …………………………………… 162
- ㉗話すのが苦手な子への指導スキル …………………………………… 164
- ㉘自分の気持ちをうまく言葉にできない子への指導スキル ………… 166
- ㉙言い方が乱暴になりがちな子への指導スキル ……………………… 168
- ㉚自分の意見ばかり言ってしまいがちな子への指導スキル ………… 170
- ㉛活動が早く終わってしまった子への指導スキル …………………… 172
- ㉜特別な支援が必要な子への指導スキル ……………………………… 174

Chapter 1

国語授業づくりの鉄板スキル 5

1
主体的・対話的で深い学びのある国語授業づくりスキル

> **POINT**
> ❶導入と振り返りを工夫し，主体的な学びを生み出す
> ❷話し合う必要感をもたせ，対話的な学びを生み出す
> ❸身に付ける力を明確にし，深い学びを生み出す

①導入と振り返りを工夫し，主体的な学びを生み出す

　「今日は，○場面の人物の気持ちの変化を考えましょう」という導入では，子どもたちの気持ちも乗りません。「どうしてかな」という問いをもったり，「こんなふうに読んでいきたい」と見通しを立てたりすることで，学ぶことへの関心は高まります。振り返りもポイントを絞ることが大切です。

②話し合う必要感をもたせ，対話的な学びを生み出す

　話し合いたいことがなければ，話し合いの活動もかたちだけになりがちです。「疑問（○○って，どうなのだろうね？）」「共感や共有（ねえ，聞いてほしいんだけど…）」「目的（一緒に，○○しよう！）」「困り感（○○をどうしたらいいのかな）」などをもたせる活動を組むことが必要です。

③身に付ける力を明確にし，深い学びを生み出す

　国語の授業は，どうしても活動だけになりやすいものです。読むことでも書くことでも，「どのような言葉や言葉の使い方を学習するために，この活動を行っているのか」ということを，常に意識して授業を工夫することが大切です。そのことが，深い学びの実現につながります。

（中村　和弘）

2 教材研究・教材づくりスキル

> **POINT**
> ❶「読むこと」の教材研究は，読むところから始まる
> ❷「書くこと」「話すこと・聞くこと」では，題材を工夫する

①「読むこと」の教材研究は，読むところから始まる

　文学的な文章でも説明的な文章でも，教師は「３回」読むといいます。１回目は，一人の読者として読む。久しぶりに読んだり初めて読んだりすると，大人でもいろいろな発見があります。２回目は，子どもの目線で読む。どんなところに興味をもちそうか，逆に，子どもにとって難しい語句や表現はないかと読んでいきます。３回目は教師として読む。どんな力を付けるために，どの部分をどのように読ませていけばいいのかを考えながら読みます。

　教師同士でも読み合い，感想や気付いたことを話し合うと，意外に楽しいものです。教師自身の楽しさの発見が，授業づくりへとつながります。

②「書くこと」「話すこと・聞くこと」では，題材を工夫する

　「書くこと」や「話すこと・聞くこと」の教材研究も基本的には同じです。教師自身が，子どもと同じテーマで，そして同じ分量や長さで書いたり話したりしてみます。そこから，指導の工夫が様々に見えてきます。

　また，教科書にある題材でなくても，もっと子どもたちが「書きたい」「話し合いたい」と思うテーマを用意することもできます。地域の題材や行事との関連など，学校の特徴を生かした教材を工夫できます。　　（中村　和弘）

3

単元開発・構想スキル

POINT
❶子どもの学習意識の流れを大切にして，単元を構想する
❷カリキュラム・マネジメントの考え方を生かす

① 子どもの学習意識の流れを大切にして，単元を構想する

　「学習意識」とは，授業中の子どもの気持ちのようなもの。国語の単元は，ふつう数時間から十数時間のまとまりで構成されます。指導計画を構想する際には，1時間目は何をして，2時間目は何をして…，と活動をベースに考えますが，同時に大切にしたいのが，子どもの学習意識の流れです。

　1時間目の導入の時，子どもは学習に対してどのような興味をもつだろうか。2時間目は，どうするとその興味が，文章を読むことにつながるだろうか。3時間目は，4時間目は…，と，毎時間の活動のつながりを子どもの立場から見直すことで，自然と学びたくなる単元を構想することができます。

② カリキュラム・マネジメントの考え方を生かす

　例えば，インタビューやメモの取り方の学習は，社会科の見学活動などと組み合わせて行うと，子どもも学ぶ意味を実感しやすくなります。そうすると，教科書の順とは扱う時期をずらす必要が出てくるかもしれません。また，教科書にはない短い単元をつくる必要が出てくる場合もあります。

　1年間の各教科や行事などのカリキュラムを見渡し，どの単元をどの時期に行うとよいのか，検討してみるとよいでしょう。

（中村　和弘）

4 学習課題・発問づくりスキル

> **POINT**
> ❶子どもの問いが生まれる学習課題や発問を工夫する
> ❷考えながら書いたり話したりさせることで、問いをもたせる

①子どもの問いが生まれる学習課題や発問を工夫する

　子どもの読む力は、何度も文章を読むことを通して高まります。ただし、「読みましょう」と教師に指示されて読むよりも、「何でだろう」と問いをもって読んだり、「こんな点を考えてみよう」と目的をもって読んだりした方が、ずっと効果的です。問いや目的は、子どもの自発的な読みを促します。
　「〇場面の人物の気持ちを考えましょう」という指示では、この自発的な読みが生まれません。「〇場面の人物の気持ちは、前の場面と比べてどうか」「なぜ、変化したのか」「AとBと、どちらの気持ちだと考えられるか」など、子どもの問いや目的につながる課題や発問の工夫が大切です。

②考えながら書いたり話したりさせることで、問いをもたせる

　「書くこと」「話すこと・聞くこと」の授業でも同じです。まず、こう書いて、次にこう書いて、と指示の繰り返しで書かせていくと、活動がいつの間にか作業になってしまいます。「どう書けばいいと思う？」「前にどんな書き方を習った？」「どう工夫して書けばいい文章になるだろう？」などのように、子どもに問いかけ考えさせながら書かせていくことで、書く力とととも に考える力や判断する力も高められます。

（中村　和弘）

5 学習指導案作成スキル

> **POINT**
> ❶目標を明確にして，評価は子どもの姿として書く
> ❷扱う内容を焦点化して，具体的な手立てを工夫する

①目標を明確にして，評価は子どもの姿として書く

　学習指導案の本時の目標と評価は，できる限り明確に書くようにします。「○場面を読んで，人物の気持ちを想像する」という目標では，どの語句や表現に着目し，どのように想像させるのかがはっきりしません。評価も，何がどのように読めればよいのかを，子どもの姿で書くと具体的になります。

　また，本時案には，音読する，考えをノートに書く，話し合うなどいくつかの学習活動を書きます。何の力を付けるためにそれらの活動を行うのか，常にセットで考えることが大切です。

②扱う内容を焦点化して，具体的な手立てを工夫する

　目標と評価を明確にすることで，例えば「読むこと」の授業であれば，本時の場面の中で，どの語句や表現に時間をかけて学習すればよいかが見えてきます。全部は教えられないので，扱う内容の焦点化を図るのです。

　また，扱う内容が焦点化されると，その部分の学習が難しい子どもへの手立ても，具体的に用意することができます。漫然と支援するのではなく，どのように助言したり，考え方を示したりすればよいのかを，個別に具体的に考えるのです。明確化，焦点化，具体化がポイントです。

（中村　和弘）

Chapter 2

国語授業の指導スキル80

授業全般

年度初めの授業開きスキル

POINT
❶誰もが参加できる学習活動にする
❷こう学んでほしいという願い，ねらいを込める

①誰もが参加できる学習活動にする

　4月。年度初め。どんな子も気持ちを新たに頑張ろう！という期待に胸をふくらませていることでしょう。また「この先生はどんな授業をするんだろう」というワクワク・ドキドキした気持ちを抱えているに違いありません。だからこそ出逢いの授業は大事にしたいものです。

　何を出逢いの教材とするかは，教師が子どもたちの姿をイメージしながら選ぶものですが，例えば次のような題材があります。

（1）△画の漢字を探そう！

　△の中には実際の数字を入れながら，その画数の漢字をより多く探していく学習活動です。学年に応じて難易度も調整できますし，一画から始め段階的に難しくしていくことでぐっとハードルも下がり，多くの子が参加することができます。グループで活動し，ゲーム形式にしてもよいかもしれません。

（2）言葉だけで以心伝心！

　ある子を前に呼び，左のような図（どんなものでもよいです）を書いた紙を渡し，「これをみんなに言葉だけで伝えてください」と指示を出します。他の子はその子の言葉だけを頼りに再現していきます。言葉で説明する

難しさやわかり合えた喜びを味わう第一歩としてぴったりの活動です。

　子どもたちがそれまでにどんな学びをしてきたか，また今年１年でどんな力を付けていきたいかによっても教材選定を工夫したいところです。しかしどんな題材にしようとも，国語が得意な子も，苦手な子でも楽しみながら参加することができることが望ましいでしょう。

②こう学んでほしいという願い，ねらいを込める

　①では「誰もが参加できる活動」について述べてきましたが，ここではその学習活動の中に「こう学んでほしい」という願いとねらいを込めることについて述べたいと思います。

　私自身が大事にしたいことは「学び合い」と「振り返り」，そして「自主学習」です。教室で仲間と学ぶ意味は「友達がいるからできた，よりわかった」を積み重ねることだと考えています。またそれを立ち止まって振り返り，次の学びにつなげていくことを大事にしたいと願っています。望むらくは自宅で授業の続きに取り組み，次の授業につなぐように学んでほしいものです。

　こういった願いをもち，授業の中では子どもたちをたくさん褒め，価値付ける姿をイメージして学習活動を構想するようにしています。例えば聞くこと。学び合いには不可欠です。うなずきながら聞いたり，体全体で聞こうとしていたりする姿が見られたら褒めてあげたいものです。また，友達の意見を聞きながらノートにメモする姿があったら，「今何をしていたの？」と突っ込んで聞き，価値付けたいものです。こんな姿をイメージして授業に臨んでいます。

　こういった願いやねらいはそれぞれ異なることでしょう。また実態や学年によっても異なるはずです。しかしながら「１年間あなたたちとはこうして学んでいきたいよ」「こういう学びをしてほしいなと思っているよ」ということは，言葉だけでなく授業を通じて伝え，子どもも実感できる出逢いの授業にしたいと考えています。

（久保田　旬平）

授業全般

入門期（小1）の指導スキル

POINT
❶教室を安心できる場所にする
❷学校生活の土台をつくる
❸スモールステップでの学習を重視する

①教室を安心できる場所にする

　1年生は，これからどんな学校生活が待っているのだろうと心弾ませています。しかし一方で「友達ができるかな」などと不安も抱えているものです。教室を安心できる場所にするためには，まず，担任の存在が子どもに安心感を与え，信頼できるものであることが最も重要です。次に，友達関係が友好であることです。担任は，登校時の表情や挨拶の声，休み時間の過ごし方などを観察しながら，子どもたち一人ひとりの体調や精神状態，友達関係などを見取り，小さな変化を見逃さないようにしたいものです。

　1年生が，「学校って楽しいな」「学校に行くのが楽しみだな」と思えるようになるためには，担任に声をかけてもらえることが大きな要素の一つになります。毎日全員と話すことは難しいかもしれませんが，朝の会や帰りの会の時間を活用して，一人ひとりとコミュニケーションをとります。

（1）朝の会での「呼名＋一言スピーチ」

　朝の会で呼名する際に，「今日のお題」を決めて一言スピーチをします。お題は1年生の子どもが話しやすい簡単なものでいいのです。例えば，「好きな食べ物」や「好きな色」などです。それについて担任が子どもの意見を

受容しながら共感する言葉かけをすることで，子どもとの交流が図れます。ただし，中には緊張などでなかなか発言できない子どももいますので，決して無理をさせずに，教師に伝えることが楽しいと思ってもらえることが大切です。

(2) 帰り際の「さよならタッチ」

　帰り際に手と手を合わせながら，「○○を頑張ったね」「明日も元気に学校に来てね」などと，子どもが前向きになる言葉をかけます。「明日も待っているよ」という気持ちは，担任が思っている以上に子どもたちの心に響いています。

②学校生活の土台をつくる

　１年生で教わることは，学校生活を送る上での土台になります。学校生活の土台とは，授業中のルールや掃除の仕方などだけではありません。個や集団の中で人と関わる時にどのような振る舞いが大切なのかを学んでいくことが大切です。様々な人間関係の中で，考える力を養っていきます。その際に担任の対応として大切なことは，次に示す三つです。

　１　平等・公平であること
　２　丁寧に話を聞くこと（本人の言葉で話すのを待つこと）
　３　気持ちをしっかりと受容した後に，自分の言動やこれからの振る舞いをどうすればいいのかを自分で判断させること（自分の言葉で伝えること）

③スモールステップでの学習を重視する

　小学校になると集団行動をするために規律を重視します。これまで45分間座っている環境になかった子どもたちにとって急にできることではありません。45分の時間を細かく区切りながら，声を出す活動や動きの伴う活動，コミュニケーション活動などを取り入れながら，飽きないようにテンポよく進めていくことが大切です。

（大島　静恵）

授業全般

1年間のまとめ方スキル

> **POINT**
> ❶自分が楽しめる記録を残す
> ❷「ランキング」でまとめる
> ❸「並び替え」でまとめる

①自分が楽しめる記録を残す

　1年間をまとめるためには，1年間を振り返ることのできる記録が必要です。私はノートやワークシートなどの子どもが自分で毎日記録したものをおすすめします。それも板書を写すだけ，枠の中を埋めるだけではなく，自分の思い・つぶやきを書き込めるスペースのあるものがよいでしょう。子どもは，エピソードと結び付けて学びを思い出すものです。

　「音読劇楽しかったな」「〇〇さんのスピーチがお笑い芸人みたいだったな」「吉野先生が，好きな大豆料理について10分も語ってるぞ……」

　活動中につぶやきを書くことが難しい子どもには，授業の振り返りをする際に，「今日の面白エピソードを一つ！」といった時間を設けることも大切です。この遊び心の積み重ねが，楽しく記録することにつながるのです。

②「ランキング」でまとめる

　「心に残った国語の授業ランキング」「ためになった国語の授業ランキング」など，1年間をランキングでまとめる方法です。「単元名・教材名」「ここで学んだこと」「ランクインした理由」「心に残ったエピソード」などの項

目を順位と併せて書けるといいですね。また，「読むことランキング」「書くことランキング」のように分けてまとめる方法もあります。

　例えば，右のランキングは２年生の子どもが書いたものです。読書が大好きなこの子どもにとって「おもしろい」と感じた授業は，全て物語教材であったようです。また，この子どもが作成した「生活に生かせそう」ランキングでは，「おにごっこ」という説明文が上位に入っていました。

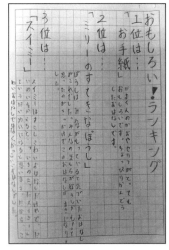

　どの子にとっても上位にランクインした教材ならば，きっとよい授業だったのでしょう。逆に，「おもしろくなかったランキング」を行った際に，ほぼ全ての子の１〜３位に入る教材があり，大いに反省した経験が私にはあります。教師にとっても１年間のまとめとなる方法であるといえますね。

③「並び替え」でまとめる

　もし職場の理解が得られるのならば，ルーズリーフを使用した方が並べ替えをしやすくなります（ノートならばインデックスを付けましょう）。ワークシートをファイルしてある場合も並べ替えはしやすいでしょう。

　教師が「○○の順に並び替えましょう」と視点を与えることも大切ですが，ここでは子どもが自分なりの意図をもって並び替えることができるといいですね。ランキングの延長で，教材ごとに並べ替える子どもが多く見られますが，過去には「色を表す言葉に注目して」「将来役に立つかどうか」「弟に見てほしい」などの理由から教材の枠にとらわれずにまとめている子もいました。また，並び替えながら考えたこと，思い出したこと，付け足したいことなどをその場で書き加える子も見られました。自分だけの１年間のまとめができた時の子どもの顔は充実感にあふれています。１時間では終わりませんが，得るものも大きいまとめ方だと考えています。

（吉野　竜一）

授業全般

他教科との カリキュラム・マネジメントスキル

POINT
❶1年間の軸になるものを決める
❷軸になるものの順番を考える
❸他教科との関連を考える

① 1年間の軸になるものを決める

　学級担任としてカリキュラム・マネジメント（以下カリマネ）を考える場合も学年や学校として考える場合も，児童の実態に合わせて，軸になるものを決めるところから始めるとよいでしょう。担任ならば「国語の物語教材」を軸にしたり，学校ならば「校内研究のテーマ」を軸にしたりできるでしょう。ここでは，私が取り組んだ「2年：国語：話すこと・聞くこと」を軸にした実践を例にして説明します。

②軸になるものの順番を考える

　まず教科書（年間指導計画）の中から「話すこと・聞くこと」についての単元を見つけ，いつ学習するのかを確認します。次に，その単元で何を重点的に教えるのかを考えたり，調べたりします。そして，その重点的に教えることの順番を考えます。私の場合，「①話を聞くことについて1学期で教えよう」「②次は，声の大きさや速さだな」と考えました。この二つは授業や生活のあらゆる場面につながると考えたためです。さらに「③2学期は，話す事柄の順序に気を付けて，相手に伝わるような内容を考えることができる

ようにしよう」「④3学期には，①から③を生かして，話し合いを教えよう」と考え，順番を入れ替えました。この軸になるものの順番を考えると，関連して他の単元の順番も決まっていきます。「③の前に，書くことの単元を学習して，簡単な構成を考えられるようにしよう」とか「音読をする際の声の大きさや読む速さと関連させよう」といった感じです。こうして国語のカリマネが進んでいきます。もちろん，教材のよさや学校・学年の意図を踏まえて，子どもの実態に合わせることを忘れてはいけません。

③他教科との関連を考える

　軸になるものの順番を考えながら，並行して他教科・領域や学校行事，地域の行事などとの関連を考えていくことになります。おすすめは，大きな画用紙などに単元名と指導事項を簡単に明記した付箋を貼っていく方法です。国語の1年間の流れを付箋で貼り，関連がわかりやすい他教科・領域などの単元名を，別の色の付箋に貼っていくだけというものです。「生活の野菜の観察と，書くことの学習がつながりそうだな」「体育のゲーム遊びで，チームのミーティングをする時に，話すこと・聞くことで学んだことを関連させよう」「図工の鑑賞と物語の感想文をつなげて指導しよう」「地域のお祭りに参加した子たちの経験を，スピーチをして発信しよう。そのために，相手に伝わりやすいスピーチについて先に教えよう」このように，関連を見出すことはパズルをするように楽しんでできると思います。これは国語の指導事項が，他教科・領域等との関連を図りやすいという利点があるからだと考えています。高学年になると教科が増えるため，きっとやりがいのあるパズルになることでしょう。そして，これらは先輩の先生方が当たり前のように行ってきたことでもあります。ぜひ，先輩方にたくさんのアドバイスをいただいて取り組んでください。また，カリマネについて考えることは，年度当初に計画を立てるという意味で1回，年度の途中で修正を図るという意味で2回，年度末に次年度へつなげるという意味で3回，という回数を目安に行えるといいですね。

（吉野　竜一）

授業全般

年間指導計画の活用スキル

POINT
❶授業の前にパラっと見る
❷エピソードと関連付けて示す
❸他学年との系統性も考える

①授業の前にパラっと見る

　教科書や指導書などを授業前に見る教師は多いと思います。その時，セットで年間指導計画（以下，年計）を見ているでしょうか。全てを細かく見る必要はありません。例えば物語なら，「登場人物のしたこと，言ったことを捉えるために，主語と述語について勉強したなあ」という程度でも十分です。教師が既習事項を想起しておくことで，「この単元では，登場人物のしたことや言ったことを自分と比べて読めるようにしたい」「登場人物のしたことや言ったことから，場面の様子を想像しながら読めるようにしたい」といった，つながりのある指導をイメージできるようになっていきます。「パラっと」の時間を大切にする習慣をぜひ付けてほしいと思います。

②エピソードと関連付けて示す

　教師が既習事項を想起できたなら，次は子どもの番です。子どもが既習事項を想起できるようにする方法はいろいろあります。「〇〇（教材名）で学習した□□（指導事項）を生かして勉強しましょう」と教師が声をかける方法。つながりがわかるように矢印などを活用した板書で伝える方法。教室の

スペースに余裕があるならば「国語コーナー」に掲示する方法もあります。いずれの方法でも，私が大切にしていることは，エピソードと関連付けて示すということです。子どもが頭の中の引き出しから既習事項を想起する時，インパクトのあるエピソードと関連付けていると考えられるからです。
T「主語と述語を勉強した時，音読劇の台本を気を付けて読んだよね」
C「〇〇さんの役が，すごく面白かった！」
C「そうそう！　役になりきっていて，話し方が面白かった！」
T「そうだったね！　〇〇さん，主語と述語ってどんなものだったっけ？」
　面白エピソードについて話し出すと，ついつい脱線しがちですが，教師がリードしながら進めれば大丈夫です。むしろ楽しい気持ちを思い出すことの方が重要だと私は考えます。掲示する際も，単元名，教材名，指導事項に加えて，「〇〇さん大活躍！」と一言添えることが大切です。楽しいことの積み重ねが，既習事項の活用への必須条件だと覚えておきましょう。

③他学年との系統性も考える

　算数や体育など，他教科・領域の指導案を見ると，他学年との系統性を図で示してあることがよくありますね。国語でも同様に考える必要があります。何年生でどんなことを教えるのか知っているだけで，教師は心にゆとりをもって指導できるようになります。もし研究授業等で指導案を書く機会があるならば，自分が扱う教材について具体的に考えてみましょう。例えば，4年生の説明文「アップとルーズで伝える」（光村図書）は，アップの写真とルーズの写真を対比しながら読むことができるようになっています。これは，1年生の説明文「どうぶつの赤ちゃん」（光村図書）のライオンとしまうまの赤ちゃんを比べながら読んだこととのつながりを見出すことができます。4年生の物語「ごんぎつね」（光村図書）を読み「情景」について考えたことは，5年生の物語「大造じいさんとガン」（光村図書）につながるはずです。こうした系統性を考える際にも，年計を活用すると便利です。ちょっと大変ですが，ぜひチャレンジしてください。

（吉野　竜一）

授業全般

授業の導入と学習課題の工夫スキル

POINT
❶「たい」「よう」が生まれる導入を工夫する
❷子どもの言葉で,子どもとともにつくる学習課題を工夫する

①「たい」「よう」が生まれる導入を工夫する

　「授業は導入が命」という言葉があります。45分間のうちの導入で学習者である子どもたちをどれだけ引きつけることができるかでその後の展開が大きく左右されるということです。大人になっても本を読んだり,映画を観ていたりしても,初めの方が「面白そう!」と思うと,その世界観にどんどんとのめりこんでしまうことがあります。だからこそ授業でも子どもたちが「〜し たい 」「〜し よう 」という意欲が生まれてくるような導入を工夫したいものです。そのための具体的な工夫をいくつか挙げます。

(1) ゲームや劇などの活動を取り入れた導入

　言語事項の指導などで有効です。子どもたちが活動に取り組む中から課題を見つけ,学ぶ必然性を見つけることができます。活動としての楽しさに気をとられすぎないこと,またその後の学習内容とつながりをもたせることが重要です。

(2) ICTや具体物を活用する導入

　子どもたちにとってスマートフォンやタブレットなどが身近な存在になっている今,意欲を喚起するという点においてはICT教材を積極的に活用するとよいでしょう。やや高額ではありますが,デジタル教科書などがあれば

様々な活用方法も考えられます。また具体物を用意するだけでも子どもたちの注目を集めることができるはずです。子どもたちのために一汗かくことを大事にしたいです。

(3) ズレを活用する

説明文や物語文の授業などで有効です。YESとNOなど立場を明確にさせることでズレが生まれ，「相手に自分の意見を伝えよう」という意欲が生まれます。また，意図的に教師が異なった読みをぶつけ，ズレを生むことで「説明したい！」という気持ちを生み出すこともできます。

② 子どもの言葉で，子どもとともにつくる学習課題を工夫する

　学習課題は子どもにとって必要感のあるものでありたいものです。「主体的・対話的で深い学びのある授業づくり」が求められている新学習指導要領において，子どもたちが主体的に授業に参加するためにも，この学習課題を子どもとともにつくるということが重要だと考えています。

　このように書くと，教師は何もしなくてもよい，子どもたちが決めるものだと思われる方もいらっしゃるかもしれません。もちろんそれは大きな誤解です。そこには教師の綿密な授業構想やねらい，願いがないと授業としては成立しません。教師自身も学習の流れを予想し，教師なりの学習課題を考えておく必要はあります。しかし，最後は学習者である子どもたちがこの１時間で何を学ぶのか，学んでいきたいのかを決め，子どもたちの言葉で学習課題を決めていくことを大事にしたいです。

　いつも教師が学習課題を設定し提示しているようでは，子どもたちが真の学習者として育っていかないはずです。将来的には自立（律）した学び手を育てていくためにも，学習課題は子どもたちが決めていくような授業を展開していくことを大事にすべきです。

(久保田　旬平)

授業全般

学習のまとめと振り返りの指導スキル

POINT
❶自分の言葉でまとめる，振り返る
❷よい学びの姿を広げる

①自分の言葉でまとめる，振り返る

　「今日の授業のまとめは○○です。ノートに書いておきましょう」という教師の言葉で授業が終わるという展開は国語科に限らずどの教科でも目にしたことがあります。教師としてはその授業の要点をまとめ，何を学んだかわかりやすくしようという意図があるのでしょう。しかし，常に学ぶ側の子どもたちがどう学んだのかという視点に立つことが重要です。だからこそ，学習者である子どもたちがその授業で何を学んだのか，何が重要だと思ったのかを自分の言葉でまとめたり，振り返ったりすることを積み重ねていくとよいでしょう。以下にその振り返りの視点をご紹介します。

（1）今日の授業で学んだこと・思ったことを書く

　毎時間の振り返りとして，その日の授業でどんなことを学び，考えたのかを自分の言葉でまとめるという活動です。学習内容に対しての自分の理解度をメタ認知することができたり，次時への構えをつくることができたりします。

（2）友達の意見や考えを聞いて考えたことを書く

　主に話し合いの学習活動を中心とした後に有効な手立てです。話し合いを経てどのように意見が変わったのか変わらないのか。自分自身の考えを見つ

め直したり，再構成したりすることができます。

　大事なことは積み重ねるということです。初めは書くことに時間がかかっていた子でも，１年間積み重ねていくことで着実に力は付いていくでしょう。

②よい学びの姿を広げる

　「振り返りをどう書かせればよいのか」という悩みを聞くことがあります。また，自分自身も悩むこともあるのですが，大事にしていることは，よい学びの姿を広げていくということです。その方法は主に２つです。

（１）個別で取り上げて共有する

　授業の最後に書いた振り返りを次時の冒頭で取り上げる中で，よい学びをしている子やこう学んでほしいという学び方（友達の意見について深く考えていたり，自分の意見を再構成していたりする）をしている子を取り上げて，広げていく方法です。取り上げる際には，ねらいをもって取り上げることやその取り上げ方については注意が必要です。

（２）振り返りを全員分一覧にして共有する

　授業後に振り返りで書いたものを集め，教師がパソコン等で打ち込んで一覧にしたものを次時に教材として配布して読み合う中で，子ども自身が友達の書いた振り返りから学んでいくという手法です。打ち込む際には，座席表の形にして打ち込んでいくとより授業に生かしやすくなります。

　全員分を打ち込むという作業は時間もかかることですが，振り返りを右の写真のように付箋に書かせてコピーすることで効率よく共有することもできます。

　いずれにしても，個の振り返りをみんなで共有していくことが大切です。振り返りをさせる際には，目的を忘れてはならないでしょう。

（久保田　旬平）

授業全般

発言のさせ方,指名の仕方のスキル

POINT
❶意図的・計画的に発言させる
❷ねらいに応じた指名の仕方

①意図的・計画的に発言させる

　子どもたちが授業中に発言をする際には,ある程度のルールが必要でしょう。自分勝手に何でもかんでも発言していいわけではありません。特に年度当初は,指名されたら返事をすることや時と場合に応じて起立して発言することなど,実態に応じて指導する必要があります。

　実際の授業は,子どもたちの発言を生かしながらつくっていくことになるかと思いますが,子どもたちの発言のさせ方については大きく3つの種類があると思います。

　（1）子どもが挙手してから,指名して発言させる。
　（2）子どもは手を挙げていないが,意図的に指名して発言させる。
　（3）教師がつぶやきを拾って発言させる。

　教師が意図的に発言させる際には,机間支援をしながらその後の授業の流れや学びが広がっていく様子をイメージするなど,明確なねらいをもって発言させる必要があります。また,（3）にもあるように,挙手をした発言だけではなく,子どもから思わず出てしまうようなつぶやきも時に取り上げて,授業に生かしていくとよいでしょう。

②ねらいに応じた指名の仕方

　教師の指名の仕方にも様々な指名の方法があります。「指名」というと，教師が指名し，それに対して指された子が返事をして発言をするという流れを想定することが多いでしょう。しかしそれが１年間毎授業続いていくと，授業のパターンも単調になってしまうこともあるので，その授業のねらいに応じて様々な指名の仕方をすることが望ましいです。

（１）意図的指名

　教師が机間支援をしたり，挙手したりしている子に「発言してほしい」という願いをもって，その子を（意図的に）指名する一般的な指名方法です。

（２）順番指名

　縦や横の列，○班などのグループなどを順番に指名していく指名の方法です。スピードよく発言してほしい場合や普段なかなか発言しない子にも発表する機会を与えたい場合に有効な指名方法です。

（３）偶発的指名

　くじなどを用意しておき，当たった出席番号の子が発表をするなど，偶然性を生かした指名方法です。どの子にも平等に発言できる（しうる）機会が生まれるので授業にも緊張感が生まれますが，配慮は必要です。

（４）相互指名

　子ども同士で指名し合う機会を設ける指名方法です。形式としては，学級会などで司会の子が指名するような指名に近いかもしれません。初めの頃は，子どもの人間関係等が指名に影響を与えてしまうことも考えられますが，「自分に反対する△△さんの意見が聞きたいから△△さんを指名しました」といったように，指名する理由をもった相互指名へと進歩していくことが理想です。

　この方法が必ずよい・すべきだという指名方法は存在しません。子どもの様子や成長，学習の内容やねらいに応じて適切な指名方法を吟味して選択できるとよいでしょう。

(久保田　旬平)

9 発問スキル

授業全般

POINT
① 子どもが考えてみたくなるような発問をする
② 話し言葉で文章化してみる
③ 補助発問もセットで考える

①子どもが考えてみたくなるような発問をする

　発問とは我々教師にとって授業の中心となってくる問いのことです。研究授業を行った後の協議会等でも発問について話題に挙がることがしばしばあります。授業の肝といわれる程重要なものなのです。発問は「〜しましょう」という指示とは異なるものであり，また，必ずしも指導書にあるような発問が授業を行う目の前の子どもたちに適切であるわけでもありません。やはり受けもつ子どもたちを想像しながら，そして子どもたちが考えてみたくなる，やってみようという意欲がわくような発問を心がけたいです。例を挙げると「この時の主人公はどんな気持ちだっただろう？」という心情を問う発問は文学的文章の授業でよく見かけますが，これを「この時の主人公の気持ちを読み取り，お家の人に説明できるようにしよう」として相手を設定する発問にするだけで少し学びの目的が明確になり意欲的に学習ができるでしょう。発問を考えることは授業展開を考えることであるので，子どもたちがどう学んでほしいか，学んでいるかというイメージをもちながら，発問を決定するとよいでしょう。

②話し言葉で文章化してみる

　私は毎年教育実習生を指導していますが，その時に毎回遭遇するのが，用意しておいた発問であまり伝わらないと思うと，似たような言葉で発問を繰り返し，子どもたちが何をすべきかわからなくなるという展開です。もちろん私自身も経験したことがあることです。だからこそ①の内容とも重なりますが，目の前の子どもたちを想像し，事前にノートなどに話し言葉で文章化してみるとよいです。書き出してみると，言葉のニュアンスでわかりづらい点が見えてきたり，一文が長くなっていたりすることに気付くことがあります。もちろん発問は簡潔，明瞭であることが望ましいです。こうして授業前に準備を整えておくことで，先に挙げたように矢継ぎ早に発問をしたり，言い換えて子どもたちにとってわかりづらくなったりすることがなくなっていくはずです。

③補助発問もセットで考える

　補助発問とは発問が伝わらなかった時に補うための発問ではありません。授業の中で子どもたちを揺さぶって新たな流れをつくったり，視点を変えさせたりするための発問です。補助発問と言う人もいれば「切り返しの発問」と呼ぶ人もいるかもしれません。これはいくつも考えておく必要があるわけではなく，ここぞという時に子どもたちにこういうことを考えてほしい，本音を引き出したいというねらいをもってするものなので，一つか二つで十分でしょう。やはりここでも重要なことは「こういう流れになったらこう出よう」「こういう意見が出てきてほしいからこう問い返そう」などと授業の流れをイメージすることです。だからこそ授業の肝といえる発問とともに，より学びを深めるための補助発問をセットで考えておくことで，授業前のイメージトレーニングをしておく必要があります。

(久保田　旬平)

授業全般

板書スキル

POINT
❶授業の流れを意識して,板書計画を構想する
❷色,図,矢印や吹き出しを使いまとめる
❸学びのツールとして活用する

①授業の流れを意識して,板書計画を構想する

　改めて書くまでもないことではありますが,板書計画を立てること自体が授業の流れを構想し,見通しをもつことにつながります。しかしながら,板書計画通りにいく授業というのは,子どもの学びや思考に沿った授業展開ではなく,教師の描いた道筋通りに教えようとする展開になっていることが多いです。指導案も同様ですが,大切なことは授業の流れをイメージすることであり,板書計画通り授業を進めることではありません。また,余裕があれば教室でプレ板書練習を重ねるとよいです。どんなことでもそうですが,経験すればするほどうまくなります。しかし,ただ練習量を増やすのではなく,授業の流れや子どもの発言を予想しながら板書計画を綿密に立て,振り返りも行うことで質も高めていくことがスキルアップには必要です。

②色,図,矢印や吹き出しを使いまとめる

　板書において大事にしたいこと,していることはそれぞれの先生方によって異なることもあるでしょう。しかしながら子どもにとって見やすいものであり,わかりやすいものでありたいと願う気持ちは多くの先生方に共通して

いるのではないかと考えます。何をもって見やすいとするか，わかりやすいとするかは主観的になってしまいますが，授業の内容や子どもの発言を整理するために，色，図，矢印や吹き出し等を効果的に使うことは板書の見やすさやわかりやすさにつながるのでないかと考えます。

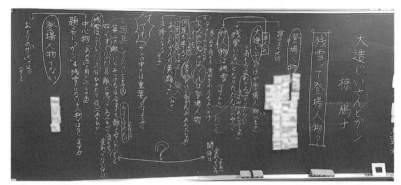

　上の写真は，筆者が５年生の物語教材「大造じいさんとガン」の授業で「残雪は登場人物と考えるか？」という授業をした際の板書です。自分で今見てお世辞にも見やすくわかりやすいとは言えませんが，つながったり対立したりする子どもの意見は吹き出しや矢印を使ってまとめているという一つの実践例として紹介しました。また子どもの意見には名前付きで板書をすることを心がけていくと，子どもたちの発言やノートの中にも友達の発言を引用する子どもが増えていくようになります。

③学びのツールとして活用する

　学びのツールとして活用するとは，授業の最後に全員で板書を見ながら授業を振り返ることや授業後に板書を写真で撮って次時の導入で振り返りとして配布して活用することです。授業中では板書で話題を焦点化することで，子どもの学びがぐっと深まるでしょう。板書は子どもが写すものではなく，子どもの学びをつなぎ，深めるもの。そして子ども同士の話し合いや学び合いの足跡となるようなものだという意識をもち，授業を構想することが重要です。

(久保田　旬平)

授業全般

ノート指導スキル
（低学年～中学年）

POINT
- ❶ノートは自分のために，友達のために，丁寧につくる
- ❷ノートをつくる多彩な方法
- ❸ノートは思考の軌跡

①ノートは自分のために，友達のために，丁寧につくる

　ノートは板書の写しではありません。ノートは，自らの力でオリジナルノートにつくりあげていくものです。それは，自分の学び，友達の学びになります。ノートを見せ合って説明し合ったり，印刷して配ったりすることで，学級の学び合いの幅は広がります。だからこそ，ノートは誰が読んでもわかるように丁寧に楽しみながらつくる必要があります。初めは時間がかかるかもしれませんが，慣れてくると，子どもたちはしっかりと自分の考えを書き表せるようになります。

②ノートをつくる多彩な方法

　ノートを楽しみながらつくるためには，方法知の獲得が必要です。Ｂ４方眼ノート見開き１ページに，色鉛筆などを使ってカラフルに仕上げましょう。「ふきだし」「マンガ風」「登場人物にインタビュー」「登場人物の日記」「ベ

ン図」「心情曲線」「人物関係図」など，学年の進度と単元の目標に合わせて多彩な方法を少しずつ獲得していくことが大切です。3年生くらいまでは一つの単元で一つ〜三つくらいの方法を獲得していき，子ども一人ひとりに「今回はこのまとめ方でやってみたい」という意欲をもたせて，自分で選択してノートをつくっていけるようにしましょう。仕上がったノートは，(その子の許可を得て)印刷して学級で配ると友達の刺激となります。「私も次は，こんなふうに書いてみたいな」という意欲が次への国語の授業のやる気に変わっていきます。

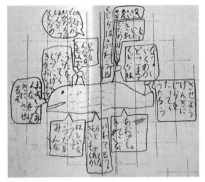

③ノートは思考の軌跡

ノートは，随時更新されていくものです。友達の考えを聞いて，ひらめいたり，考え直したりしたことは，(できれば色を変えて)ノートに書き加えていきます。初めに書いたものは消さずに残していくことで，話し合いの過程を経て，自分の考えがどのような軌跡を辿ったのかに気が付くことができます。ノートは子どもの思考の軌跡です。

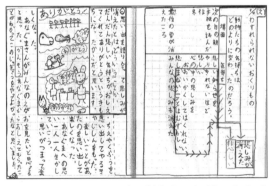

(清水　良)

授業全般

ノート指導スキル (中学年〜高学年)

> **POINT**
> ❶ノートは自由につくる
> ❷他教科のノートにも発展させる
> ❸思考が深くなると,文章記述が多くなる

①ノートは自由につくる

中高学年になると,低中学年で学んだノートづくりの方法知を組み合わせて,自分で自由に表現できるようになります。

子どもたちの思いや考えがいっぱいに表現された毎回のノートは,一つの作品となっていきます。その大切な作品には,教師であっても安易に花丸や検印を押したり,コメントを書き加えたりすること

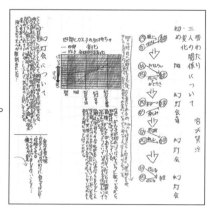

は避けた方がよいでしょう。教師からのコメントは付箋紙などに書き,子どものノートから取り外しができるものにしましょう。

②他教科のノートにも発展させる

国語の授業で培ったノートづくりの力は,他教科にも発展していきます。もちろん他教科特有の授業過程があるので,そのままというわけにはいきませんが「ノートは自分でつくる」という意識が育っていれば,どの教科でも

③ 思考が深くなると，文章記述が多くなる

　オリジナルのノートをつくっていくでしょう。

　高学年になるにつれて，教材も難しくなりますし，また子どもの思考も深まりを見せるようになります。自分の思いや考えが深くなっていくと，子どもたちはＢ４のページを文字で埋め尽くします。自分の深い思い，複雑な考えを伝えるとなると，やはり文章記述になるからです。その時にはこれまで獲得してきた方法知にはこだわらず，めいっぱい自分の思考を文章で表現させましょう。ここでは，物語文のノートを紹介していますが，もちろん説明文のノートづくりも可能です。文章の構造をわかりやすく可視化することにも適しています。

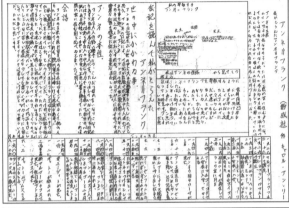

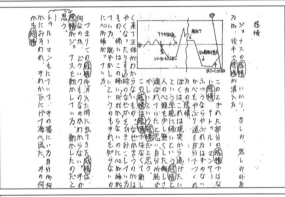

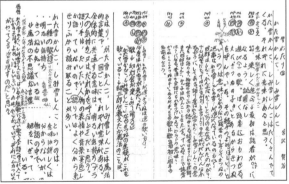

（清水　良）

授業全般

ワークシートの作成&活用スキル

POINT
❶発展途上の学習に使う
❷ワークシートによって子どもは方法知を獲得する
❸子どもに気付かせたい見方・考え方をもとにつくる

①発展途上の学習に使う

　ワークシートは,学習のねらいに沿ったものを子どもに合わせてつくります。穴埋め式や一問一答形式のワークシートでは,知識・理解を詰め込む形のものとなってしまいます。そうなってしまっては,むしろワークシートを使うことで子どもの学びを狭めてしまうことになりかねません。
　ワークシートはあくまで子どもが自ら思考を広げていける過程にあるツールです。子どもが自ら考えていけるまでの補助であり,一人でノートづくりができるまでの発展途上段階にある学習手段として捉えた方がよいでしょう。

②ワークシートによって子どもは方法知を獲得する

　ワークシートは,学習手段の一つです。その手段を子どもたちが経験していくことで,方法知を獲得していきます。年間を通して,少しずつワークシートを取り入れていくことで,学習の方法知が累積されて,学級全体の文化となっていきます。そのためには,学んできたワークシートをファイルにまとめたり,教室に掲示したりしていくことが大切です。
　「マインドマップ(イメージマップ)」は,発想や関連項目を広げていくブ

レインストーミングの時などに使うと便利です。「ベン図」や「座標軸図」は，項目を分類したり，比較したりする時に適した方法です。「ボーン図」は，上位項目と下位項目の関係性に気付く時に有効です。「ピラミッド型の図」は，構造的に物事を捉えることができます。「フローチャート」「ステップチャート」は手順と過程を可視化する方法です。

　この他にもたくさんの思考ツールが国語科教育以外の場でも生み出されています。MicrosoftのWordで，自作のワークシートを作成する時には，【挿入】→【図】→【SmartArtグラフィック】を参考にすることをおすすめします。

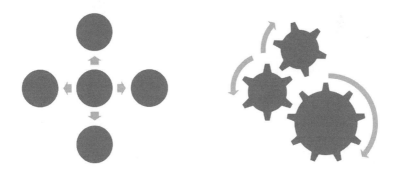

③子どもに気付かせたい見方・考え方をもとにつくる

　ワークシートの利点は，子どもに新しい見方や考え方を気付かせることができることです。「ノートに自分の考えを書きましょう」と教師が言っても，子どもはなかなか書き出せるものではありません。また書き出せたとしても偏った考え方だけを記述することも少なくありません。考えを広げて，深めていくためには，方法知を知っていることだけではなく，その方法特有の見方や考え方自体を獲得していく必要があります。つまり，最終的にはワークシートがなくてもその見方や考え方ができるということが理想的です。

（清水　良）

授業全般

範読，読み聞かせのスキル

POINT
❶範読は教師の「読み」が試される
❷本の見せ方を工夫する
❸挿絵から想像を広げさせる

①範読は教師の「読み」が試される

　子どもたちにとって教師の範読とは，作品との出合いの場面であることが多いでしょう。教師がその文章をどのように読むのかは，子どもたちが受け取る印象を大きく左右します。範読は教師の教材研究，作品解釈が問われるのです。

　文学的文章の範読では，特にせりふの部分をどのように読むかということに工夫が必要です。子どもたちの読み取りから音読を深めていきたい場合には，最初の範読はあえて平たく読むこともあるでしょう。また，「お話の中で季節がどのように移り変わっていくか，よく聞いていてね」のように，ポイントを絞って聞かせることもできます。説明文の範読では，教師が文章全体の構成や段落のまとまりを意識して読むことが大切です。

　いずれの範読であっても，ひとまとまりの文章を読むのにどれくらいの時間がかかるのか，教師が予め計時し把握しておくようにしましょう。また，教師が自身の範読を録音し省みることができれば，子どもたちによりよい範読を聞かせることができ，範読の腕も上がります。

②本の見せ方を工夫する

　読み聞かせでは本の見せ方や，読み聞かせをする際の場のもち方を工夫します。教師が絵本を手に持って読み聞かせをする時には，教師が椅子に座りその周りの床に子どもたちを座らせる場合が多いでしょう。子どもたちの目線が教師の持つ本より低いところにある場合，本を少し下方向に傾けることで，挿絵が見やすくなります。また，ページをめくるたびに本を左右に振って両端にいる子どもにも見えるようにする配慮も必要です。

　また，教室に書画カメラや電子黒板等の設備がある場合には，子どもたちが自分の席にいながら本を投影して見せるという方法もあります。

③挿絵から想像を広げさせる

　絵本の読み聞かせをする場合，挿絵は本文の内容を支える重要な役割を担っています。読み聞かせのねらいによっては，教師が途中に質問や投げかけを挟みながら読み聞かせをすることは大変効果的です。

　例えば，お話の設定（時や場所，登場人物）やその移り変わりを確かめる問いかけをすることで，学級の子ども全員が共通の理解をもとにお話を楽しむことができます。また「この時，太郎くんはどこを見ているかな？」と登場人物の表情を読み取ったり，次のページの展開を予想したりすることもできます。お話を最後まで読んだ後に，中心人物のどの行動が結末につながるものであったのか振り返ったり，いくつかの出来事の因果関係を考えたりすることもできます。

　ただし，あまり質問や説明を挟みすぎると，作品が本来もっているお話の面白さを損ないかねません。教師がどこにねらいをもって読み聞かせをするのか，十分な教材研究が必要だといえるでしょう。

　　　　　　　　　　　　　　　　　　　　　　　　　　　（外川　なつ美）

授業全般

学校図書館（図書室）の活用スキル

POINT
❶調べ学習で資料を探す
❷日本十進分類法を活用する
❸司書教諭と連携する

①調べ学習で資料を探す

　意見文や推薦文を書く，社会問題について発表するための資料をつくる，並行読書のための図書が必要等，国語の授業で図書室を活用する機会は多くあります。図書室を「本を読む場所」とだけ決めてしまうのはもったいないです。例えば，「お札の肖像画にするなら誰を選ぶか？」という学習課題に取り組む時，「伝記コーナー」に行って偉人たちの生き方に触れることもできます。宮沢賢治の作品を読む中で，その独特の表現や言い回しは他の作品にも見られるか探ってみたいと思い，宮沢賢治の作品を図書室で探すという活動も想定できます。子どもたちが必要とする資料がどのエリアにあるのか，教師は日頃から図書室の配置を確認しておくとよいと思います。調べ学習を始める時に，ただ「図書室で本を探してこよう」と言うよりは，どの辺りにどのような種類の本があるのかを子どもたちに説明できると，その後の調べ学習もスムーズに進みます。図書資料が不足していると感じたら，図書担当の先生にお願いをして購入してもらうこともできます。学校図書は，子どもの学びを充実させるための大切な資料ですので，どんな本が必要であるかを校内の先生方と相談できるといいですね。

②日本十進分類法を活用する

　日本十進分類法をご存知でしょうか。アメリカのデューイが創案したものにならい，森清が1928年に考案したものです。主類は，0総記・1哲学・2歴史・3社会科学・4自然科学・5技術・6産業・7芸術・8言語・9文学となっています。学校図書館も，この分類法で本が並んでいるでしょう。高学年の図書の授業では，それぞれの分類について学ぶのもいいと思います。低・中学年の場合は，図書室の本が種類毎に分けられていることを学ぶ授業が考えられます。最近では，分類について説明するための紙芝居も販売されています。

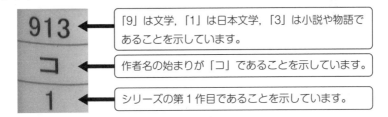

③司書教諭と連携する

　図書のプロフェッショナルである司書教諭や学校司書に協力してもらうことは，国語の学びを充実させるためにも重要です。例えば，ことわざや慣用句について学ぶ授業を行う時には，予め司書教諭にお願いをして，ことわざや慣用句に関連した本を集めておいてもらえます。学校図書館の蔵書だけでは足りなさそうな場合，司書教諭への相談次第で，地域の図書館から関連図書を取り寄せていただけることもあります。日頃から，司書教諭と授業の話をしておくことで，お願いもしやすくなるでしょう。

　また，司書教諭が図書室からのお手紙を配布している場合，図書室を活用した国語の授業について紹介してもらう方法もあります。保護者には，図書室を使った授業の様子がわかり，他学年の子どもたちも図書室に行ってみようと思うかもしれません。

（廣瀬　修也）

授業全般

効果的な調べ学習の指導スキル

POINT
❶調べるための目的や観点を決める
❷学校図書館（図書室）を活用する
❸インターネットを活用する

①調べるための目的や観点を決める

　様々な教科で調べ学習を行う機会があります。しかし，子どもたちに対して，ただ闇雲に「○○について調べましょう」と話しても，うまくいかないことがあります。「調べ方」を知らない子たちがいるからです。

　大切なことは，調べ始める前に「何のために，何を調べるか」はっきりさせることです。日頃の授業でも，子どもたちが「何のためにこの学習をしているのか」を意識できていると，学びに向かう姿勢が変わります。調べ学習でも同じです。目的を明確にしてから調べ始めるようにしましょう。

　「何を調べるか」つまり，調べるための観点がわかっていることも重要です。例えば「外来語」について調べるとします。その際に，外来語の「種類・由来・使われ方・昔の言葉との比較」といったように，いくつかの観点をもとにすると，子どもたちもわかりやすいでしょう。観点については，教師が示してもいいのですが，子どもと一緒に考えてもよいです。

②学校図書館（図書室）を活用する

　学校の図書室をどのように利用しているでしょうか。「図書の時間」に本

を読みに行くだけではもったいないです。図書室には，調べ学習のための資料が所蔵されています。図鑑，百科事典，伝記など，用途に応じて図書室の本を活用する力も，子どもたちに身に付けてほしいです。

具体的に，図書室をどのように活用して調べ学習をすればいいでしょうか。キャリア教育の一環として「仕事」について調べる授業で考えてみましょう。「仕事にはいろいろな種類があります。図書室に行って自分が興味のある仕事について調べましょう」と言って，図書室に子どもたちを連れて行っても，どこを探せばいいかわからない子も出てくるでしょう。そこで，「十進分類法」を活用します。右上の写真は，「十進分類法」を示したカードです。このようなカードを子どもたちに配布しておくと，今後図書室に行く時に，スムーズに本を探すことができるようになります。「仕事」について調べる場合は，「３．社会科学」のコーナーに行き，その中から，「仕事」の本が置かれた棚を探します。

③インターネットを活用する

調べ学習では，インターネット上にある豊富な情報を活用することも視野に入れておくとよいです。高度情報化社会といわれるこの時代，効率的に情報を集めるスキルを身に付けることも，必要といえるでしょう。

ただ，ご承知のようにインターネット上の情報は全てが正しいわけではありません。情報を鵜呑みにしてしまうと，調べ学習もうまくいかないことは，パソコンやタブレットを使い始める学年で指導しておく必要があります。

実際に子どもたちにインターネットでの調べ学習について指導する時は，検索エンジンでの入力の仕方を教えると，その後の調べ学習がスムーズになります。長い文章を入力するより，「仕事　図書館　資格」等のように，短いキーワードを並べて検索した方が，自分が探している情報を見つけやすいことも教えておくとよいと思います。

（廣瀬　修也）

授業全般

授業中の振る舞い方スキル

POINT
❶振る舞い方の基本「3視点」
❷じっくり聞く姿勢が対話を生む
❸少しの指示で授業を引き締める

①振る舞い方の基本「3視点」

「盛り上げ役」「引き締め役」など,教師は授業でいくつもの「役」を演じます。うまく振る舞い,柔軟に演じることで子どもを惹きつける教師を目指したいものです。次の視点を意識しましょう。

○話し方

「です」「ます」の敬体で話をすることが基本。子どもを一点に集中させて引きつけたい時は,あえてぼそぼそと話してみる。大事な点を強調したい時は口を開けてハキハキと。時には,「黙して語らず」。目力で子どもの意識を向けさせる。

○立ち位置

教師が机間に入り,子どもと対話しながら進めると授業に一体感が生まれやすい。集中して作業させたい時は,教室後方から子どもの背中を見守るのもよい。同じ場所に立ち続けるよりもいろいろな立ち位置で見ると,授業が変わって見える。

○表情

子どもは教師の表情に敏感。授業時間が足りなくなり,終盤で「焦り」の表情が出ないように。できれば,にこやかに授業を終えたい。

②じっくり聞く姿勢が対話を生む

　子ども同士，子どもと教師の自然な対話が，深い国語の学びに必須です。まずは教師が子どもの声にじっくり耳を傾けて，つぶやきを拾っていく振る舞い方が授業に対話を生む第一歩です。

　興味深い学習課題やじっくり思考せざるを得ない学習課題を前にして，不規則につぶやく子どもはどの教室にもいるはずです。その声を教師は聞き逃さずに，大切に拾い上げて子どもたちに返すよう心がけましょう。「○○さん，今，大切なことを言ったよ。みんなに先生から話していいかな」「○○さんが今つぶやいたこと，聞こえた人いるかな」など。子ども同士をつなぐ声かけが対話を生むきっかけとなるとともに，「先生はしっかり聞いてくれているんだ」という教師への信頼感が増します。また，価値あるつぶやきが，その時間の学びの方向性を決める重要な一言である場合も多いのです。

③少しの指示で授業を引き締める

　授業は教師と子どもが一体となって学びをつくる場です。時には子どもに授業の流れを任せたり，楽しく笑い合ったりする場面もあるでしょう。しかし，最終的に学びを保障するのは，教師の責任です。授業自体の雰囲気や流れ自体を切り替え，引き締める振る舞いを身に付けられれば理想的です。

（1）短く，具体的に指示する

　例えば，「前を見ましょう」より，「先生と目を合わせましょう」と指示した方が，一人ひとりの動きを確実に確かめられます。また，低学年では指示の言葉に褒め言葉を付け加えるとよいです。「今，○○さんと目が合いました」「○○さんの姿勢が整っていてすばらしいです」などです。

（2）教師と一緒の動きをさせる

　次の展開に切り替える際，「立ちましょう」「先生と一緒に深呼吸しましょう」と言って，動きを付ける指示を出します。これだけで教室の雰囲気が切り替わります。

（金本　竜一）

授業全般

子どもが熱中して聞く話し方スキル

POINT
❶「語り出し」で子どもを引きつける
❷「口」だけでなく，「身体」を使って話す
❸一つの話材から価値ある話を生み出す

① 「語り出し」で子どもを引きつける

　まずは教師の「語り出し」をじっくり聞かせる「構え」をつくらせることが前提です。ざわついた雰囲気で話し始めても，子どもの心には届きません。全員が手を止めて，教師と目を合わせる。じっくり「タメ」をつくることで，「先生はどんな話をしてくれるのかな」という期待も高まります。

　子どもが熱中して聞く話かどうかは，最初の「語り出し」で決まると言ってよいでしょう。そしてそれは，「子どもが何かを感じたり考えたりせざるを得ない語り出し」であるべきです。子どもの思考を促すことで，教師の話を自分事として捉え，話に入りやすくするのです。

　語りやすいのは，話材に関して子どもに問いかける「発問型」です。「AとBなら，みんなはどちらの方が好きですか」「（写真を見せて）この人物のこと，何か知っていますか」など，直接的に尋ねるパターンです。

　「今日のみんなの行動は百点満点です」など，宣言的な語り出しも思考を促すことにつながります。「どんなことが評価されたのかな」と疑問をもち，続きの話を見通そうと考え始めるからです。

　子どもにとって意外性のある話材も話の導入に効果的です。「『ありがた

い』という言葉は，もともと，『めったにない』という意味で使われていたんだよ」と語り出すだけで，言葉への興味関心を広げるきっかけになります。

簡潔でわかりやすい「話のつかみ」が，子どもの心をくすぐるのです。

②「口」だけでなく，「身体」を使って話す

　子どもは耳で捉えた音声情報だけを手がかりに教師の話を理解しているのではありません。教師の表情をはじめ，その一挙手一投足にも注目しながら，総合的に理解しています。したがって，聞き手への目線や表情，身ぶり手ぶりなどにも気を配って話すようにしましょう。喜怒哀楽の表情を演じ，できるだけオーバーに体全体で語ることも，話し方スキルの欠かせないポイントです。とりわけ，目線は重要です。教室全体を何気なく見渡して話すのではなく，子ども一人ひとりと目を合わせながら話すことで，子どもとの対話的な感覚が生まれます。

　国語科は，「話す」技能を鍛える教科です。教師の話ぶりから子どもたちが学ぶことはきっと多いはずです。

③一つの話材から価値ある話を生み出す

　ある日の学年集会で話したことです。

　「『失敗にかんぱい』という本を紹介します。○○というお話です（話材）。みんなも，失敗を笑顔で乗り切れるよう，力を合わせようね（メッセージ）」。

　子どもたちは「えっ，もう終わり？」という表情をしています。教師の話は長いものというイメージが定着しているのでしょうか。しかし，本当に伝えたいメッセージは，一つの話材からサッとまとめにつなげることで，子どもの心に入りやすくなります。低学年であればなおさらです。

　「一つの話材＋メッセージ＝シンプルで価値ある話」の基本図式を意識してみてください。もちろん，構成はいろいろとアレンジできるはずです。そして，子どもが熱中する話材集め。これも楽しいものです。

（金本　竜一）

19 子どもの言葉に耳を傾けるスキル

授業全般

POINT
❶ヒマとスキをつくる
❷自分の見方を疑うと,毎日新しい子どもに出会える

①ヒマとスキをつくる

　道に迷ってしまい,誰かに尋ねようとする時に急ぎ足で歩いている人に尋ねようと思う人はまずいないでしょう。それと同じように,子どもの言葉が教師の耳に届くためには,まず教師側に聞く意識がなければいけません。教師の仕事は多忙を極めます。その激務のために,つい「〜しながら」聞いたり,一方的な指示とアドバイスだけを与えて会話を終えたりしてしまう経験もあるのではないでしょうか。

　まず,子どもの言葉をキャッチできるためには,教師には聞くだけの構えを保てるヒマが必要です。もちろんヒマな時間は教師にはありませんから,ヒマを苦しみながらも教師がつくり出すのです。教師が子どもから見て,ヒマそうにしていれば,「ねえねえ,先生ちょっと聞いて」とやってくるはずです。教師のあえてつくり出すヒマが,子どもから見れば話を聞いてもらえそうなスキを生み出すのです。

　また,子どもが直接教師のところにやってこなくても,何もしないで教室の中をゆっくりと眺めていると,教室の中のいろいろな声が聞こえてきます。友達と楽しそうに昨日のテレビ番組のことを話している子,朝からイライラしている子,宿題を忘れてしまってどうしようか悩んでいる子。耳を澄まし

ていれば，子どものつぶやきが遠くにいてもキャッチできるようになりますし，教室に入ってきて挨拶の第一声でどんな様子かわかるようになってきます。授業は子どもの日常の言語生活の上にあるわけですから，授業中だけの言葉を切り取って判断できるものではありません。子どもの言語生活丸ごとをキャッチして授業をつくり上げていくことが大切です。

②自分の見方を疑うと，毎日新しい子どもに出会える

　教師は，子どもを形容する言葉をいくつもっているでしょうか。「あの子は〜だ」「あの子には……なところがある」，このような言葉を多様にもっている方が，子どもの姿を捉えることができます。しかし，ともすると，これらの言葉は教師それぞれに固定化しがちです。無意識のうちに，子どもをある側面からしか捉えていないことに教師が気付けないのです。誰であってもそうですが，必ずしも一人の教師の，その子への見方が正しいわけではありません。「あの子はこういう子だ」という教師のラベリングが子どもの学校生活や授業での活躍を奪っていくことはあってはならないことです。子どもは，その時々で見せる顔は違いますし，発揮される力も異なります。「自分の知らない，素敵な子どもが，その子の内側にまだいる」という可能性の意識をもてると，教師は毎日新しい子どもの側面を発見できるようになります。

　「言葉は人を表す」といわれることがあります。子どもが使っている言葉に着目しながら聞いていると，その子の言語生活が見えてきます。どんな言葉で思考しているのか。どんな言葉が好きなのか。どんな言葉にこだわりがあるのか。教師自身の言葉に対する視点は，同時に子どもへの眼差しの多様性になっていくのです。新しい子どもに出会ったのならば，同僚の教師に話したり，記録を取ったりすることをおすすめします。毎日，些細なことでもその子が話した言葉を記録しておくと，年間を通じてのその子の成長を捉えることができるようになります。

（清水　良）

授業全般

授業のネタの探し方スキル

POINT
❶身近なところに目を向けてみる
❷教師自身が楽しんで探す
❸付けたい力との整合性を考える

①身近なところに目を向けてみる

　国語の教材研究は面白いです。身近なところに無数に教材が転がっているからです。また言葉の力を育むという観点からも，身近な言語生活にあることを材として，日常の言語生活がより充実するように指導することは重要です。国語科には「話す・聞く」「読む」「書く」の領域があるので，見方を変えてみると様々な材としての可能性が浮かび上がってきます。可能性は数限りなくあるので，以下で私が教材としたことがあるものを記したいと思います。
（読むこと）絵本・ドラマ・アニメ・新聞・中吊り広告・歌詞
（話す・聞く）全校朝礼の話・お笑い芸人のネタ・ヒーローインタビュー
（書くこと）投書に投稿する・ポスター・グルメリポート
　そんなものがネタになるのかと思われるものもあるかもしれませんが，まずは教師自身が身近な生活の中から発掘しようとすることが第一歩です。

②教師自身が楽しんで探す

　①の内容ともつながりますが，「教材研究をするぞ！」と意気込んで教材

を探すことも重要ですが，日々の業務に加えての深い教材研究はなかなか時間をつくれないものです。だからこそ日常生活の中で，これはネタになりそうだと思ったものを，お笑い芸人のネタ帳のようにためていくとよいです。趣味で見ていた映画やドラマ，読んでいる小説などでももちろんよいです。学校生活の中でたまたま撮った写真でもよいでしょう。材として提示する教師自身が楽しみながら探すことが長続きするコツです。またそうした教師の姿を見せていくことで，少しずつ日常の言語生活の中に目を向けようとする子たちが育っていくことでしょう。

③付けたい力との整合性を考える

　身近なところに目を向けて材としての可能性を見出すことは大切です。しかしながら，何でもかんでも材にしてよいかというと，それは「ノー」です。子どもたちにとって楽しい活動的な授業にはなっても，確かな言葉の力が付かない「活動あって学びなし」の授業になってしまってはなりません。そのネタを使ってどんな言葉の力を育みたいのか，どんな言語生活者になってほしいのかというヴィジョンを明確にもつことが重要です。

　また，付けたい力を日頃から意識していると，「これは教材になりそうだ」というひらめきが生まれることが増えてくるはずです。例えば，全校朝礼での校長先生のお話の中で「今日はお話したいことが三つあります。一つ目は〜」という話し方でお話をしたとしましょう。全校朝礼が終わった後に「校長先生がみんなにお話したことが三つあったけれど，三つどんなことをお話しましたか？」と聞き，「校長先生のお話を聞いてどんなことを考えましたか？」と問う展開が考えられます。こうした展開を通じて，1・2年生の思考力・表現力・判断力のA話すこと・聞くことのエの指導事項を学習することができます。

　どんな言葉の力を子どもたちに付けたいのかという教師としての明確なねらいをもって日々の生活を過ごすことで，子どもたちにとってより身近で魅力的な授業の可能性が広がるはずです。

（久保田　旬平）

授業全般

授業づくりの上達スキル

> **POINT**
> ❶まずはガムシャラにやってみる
> ❷身近なものに学ぶ
> ❸外の世界へ踏み出す

①まずはガムシャラにやってみる

　教師である以上，授業で勝負です。「誰でもわかるけれど，誰でもできるわけではない」という授業を目指してください。それがプロ意識です。そんな授業を目指す時，常に子どもファーストで考えるようにしましょう。

　さあ，心の準備ができたら，まずはガムシャラにやってみましょう。悩むのはそれからです。取り返しのつかない失敗以外は失敗ではありません。実践こそが上達への第一歩です。例えば，校内で研究授業が行われる際，自分から手を挙げていますか。授業参観では，何か一工夫を盛り込もうとしていますか。働き方改革が時代の流れですが，子どものため・授業のための時間は確保したいものですね。

②身近なものに学ぶ

　やってみると見えてくるのが疑問や課題です。そんな時は身近に学びましょう。放課後の雑談の中で質問したり，校内の先輩方の授業を参観させていただいたりしましょう。疑問や課題をもって見たり聞いたりするからこそ，スキルの獲得につながります。教師自身が主体的な学びをしているというこ

とですね。また，先輩方から勉強会や教育書を紹介していただくこともあると思います。それこそ外の世界へ踏み出すチャンスといえるでしょう。

③外の世界へ踏み出す

さらにもう一歩踏み出すために最も大切なことは，人とつながるということです。例えば，本の著者が開催している勉強会や公開授業に参加するという方法です。インターネットで検索すれば，すぐに見つかると思います。勉強会や公開授業についてまとめているサイトも多く見られます。人でなくても，興味のあるキーワードから探すこともできるでしょう。参加するまでは緊張するものですが，課題意識をもって参加すれば何も心配りませんし，きっと人とのつながりもできるはずですよ。

参加してから大切なことは，必ず手を挙げて発言するということです。最初は的外れでも，課題意識をもったあなたの発言は最後には伝わるものです。そして，必ず手を挙げると決めると，よい効果が生まれます。まず，授業や講話を集中して聞くことができるようになります。次に，会の終了後，指導者や授業者に話しかけやすくなります。「先程質問させていただいた〇〇と申します」。ここで全体では聞けなかった質問を投げかけ，さらにスキルを獲得しましょう。もし，名刺を用意できるなら，ぜひ交換をしてください。今後のつながりがもてるはずです（名刺を持たない先生も多くいらっしゃいますが，私は7年目くらいから自作していました。社会人として必要だと判断したためです）。獲得したスキルを忘れないためにメモは欠かせません。勉強会専用のノートを作成したり，タブレット等を活用したりして，心に響いたスキルを蓄積していきましょう。

これは蛇足ですが，勉強会などの後には懇親会が催されることもあります。時間が許せば参加するとよいでしょう。より近い距離で，深い話ができるはずです。SNSの交換も懇親会ならばできるかもしれません。

本や講話，授業，SNSなど，様々な方法でつながる先にあるのは「人」です。人とつながることが授業づくり上達のスキルなのです。　　（吉野　竜一）

評価・家庭学習

ワークテストの活用スキル

POINT
❶単元指導計画を立てる時にワークテストの内容を把握する
❷テストを解く力についても指導する
❸テスト実施後の振り返りで力を付ける

①単元指導計画を立てる時にワークテストの内容を把握する

　単元の終わりに業者作成のワークテストを実施される学校・学級は多いでしょう。授業で全く指導していない内容が，突然ワークテストの問題に出てきては，子どもたちが驚きます。単元全体の指導計画を立てる時には，ワークテストの設問の内容やねらいを把握しておきましょう。教師自身が子どもになったつもりで自分でテストを解いてみると，何を指導しておかなければならないかがよくわかります。その単元で付けたい力や学ばせたいことと併せて，計画をするとよいでしょう。

②テストを解く力についても指導する

　テストを解く時には2つの力が作用していると考えます。一つ目はその単元や学習内容が身に付くことで付く力。本単元だけでなく，既習の単元で積み重ねてきた力も含まれ，この力が問題を解くためのメインの力といえます。二つ目はサブとして，テスト・リテラシーともいうべき，テストを解く力です。テストに解き慣れているかどうか，時間配分，問題の題意を見抜く力，

見直しのチェックポイントなどが含まれます。この二つ目については、テストを解くコツとして折に触れて指導するとよいでしょう。

　例えば、テストの問題を解いていて少し考えてもわからないところがあれば、飛ばすのも一手であるということ。選択肢の記号がアなのか㋐なのかに気を付けること。「あてはまるものをすべて選びましょう」とある時には、複数の答えがある場合が多いこと。「なぜですか」のように理由を問われた時には、「〜だから」のように理由を述べる文末で結ぶとよいこと。これらは実際のワークテストにそのような問題が出てきた時に、その直接の答えを教えることがないように気を付けつつ、テスト開始前に注意するポイントとして伝えることで、今後似たような問題に出合った時に自分で問題を注意して読み、気を付けることができるようになります。

　ワークテストは国語だけでなく他教科でも行われますし、子どもたちは中学校以降でもたくさんのテストを解いていくことになります。単元を理解できているかという本来の力が発揮されるように、サブの力といえるテストへの慣れでつまずくことがないように導いてあげたいものです。

③テスト実施後の振り返りで力を付ける

　テストは実施後にこそ子どもに力が付きますし、ここがその単元で押さえたいポイントを確かめる最後のチャンスです。テストを返却する時には、必ず授業で解説をしましょう。特に、採点をしていて間違いが多かった問題については、どのように考えて解けばよかったのか伝えるとよいでしょう。テストを返却した後は必ずテストの直しをさせましょう。学習→復習・宿題などの家庭学習→小テスト→直し→学習の定着というサイクルには、間違えたところの確認とその直しは欠かせません。

　複数の単元でワークテストを重ねると、同じ領域や似たような問題ばかり間違える子が気になる場合があります。必要に応じて個別の指導をするためにも、点数だけでなく何をどのように間違ったのか記録を残しておくようにしましょう。

（外川　なつ美）

評価・家庭学習

小テストの工夫スキル

POINT
❶こまめに行い一人ひとりの力の定着を確かめる
❷漢字の小テストは実態に合わせて内容と形式を選ぶ
❸言葉についての学習は小テストで定着を確認する

①こまめに行い一人ひとりの力の定着を確かめる

　学習の後に小テストを行うというサイクルは，学習の定着に大変有効です。小テストであれば狭い学習範囲に対してもテストが実施できますし，学習してすぐに定着を確かめることができます。また，小テストといえどもテストですから，子どもは緊張感をもって，自分一人の力で問題に取り組むことができます。普段の授業では友達の意見を取り入れたり教え合ったりすることも大切ですが，小テストは個人にどれだけ力が付いたのかを確かめる機会となります。小テストに臨む心構えとして，よい点数を取ろうと意気込むよりも，自分の苦手なところや覚えていないところがわかるチャンスだよ，と教師が語ってやることも大切でしょう。そしてテストの返却後にはすぐに直しに取り組ませるべきです。私は漢字テストを10点満点で行っていますが，直しがきちんとできていれば青ペンで丸を付け，10と書いて返却しています。子どもたちには「満点になるまで直そうね」と伝えています。

　年度の初めには保護者会などで，小テストやテストをどのように行うつもりでいるのか，保護者にも説明し，理解してもらうとよいでしょう。学習→復習・宿題などの家庭学習→小テスト→直し→学習の定着というサイクルを

家庭にも支えてもらうことができれば，より力の定着が期待できます。

②漢字の小テストは実態に合わせて内容と形式を選ぶ

　国語で小テストといえば，多くの学級で行われているのは漢字の小テストでしょう。ここでは漢字小テストとして７〜10文字程度の漢字を出題範囲とし，10〜15問の問題を出すような場合を想定しています。しかし漢字の小テストと一口にいっても，問題の内容と形式の組み合わせでその難易度は大きく変わりますので，子どもたちの実態を見極めて選択したいものです。

　問題の内容については，漢字ドリルから出す場合と教師がつくる場合があるでしょう。漢字ドリルにはひとまとまりの学習が終わったところに確かめの問題が付いている場合が多く，テストに出す範囲を予告して行えば子どもたちは家庭で学習をしてから小テストに臨むことができます。教師が問題をつくる場合には，授業で触れた熟語や子どもの生活に根差した問題を出してやるとよいでしょう。どのような問題が出るかわからないという点で，後者の方が難しい小テストになります。

　形式については，いくつかの段階があります。１段階目としては漢字の部分だけが□になっていてそこを埋めるというもので，□の隣には読み方を書いておきます。２段階目としては一文まるごとを書かせる問題で，文全体を平仮名で書いたものを隣に書いておきます。この場合は送り仮名が必要な漢字の定着を確かめることができます。３段階目としては，教師が問題を読み上げ，聞き取って書くという方法です。「聴写」は大変難しいですが，確実に力は付きます。

③言葉についての学習は小テストで定着を確認する

　かぎかっこの使い方や主語述語，ことわざや慣用句，敬語の使い方など，それぞれの学年での言葉の学習も小テストで定着確認ができます。授業で学習した内容を練習プリントや小テストを教師が自作し解かせることで，より確かな言葉の力が付きます。

(外川　なつ美)

評価・家庭学習

ドリルの効果的な使い方スキル

POINT
❶ドリルは活用の仕方を考えて選ぶ
❷使い始めの指導，使い終わりをはっきりさせることが大切
❸漢字ドリルの情報を生かす

① ドリルは活用の仕方を考えて選ぶ

　国語でドリルといえば，教材として漢字ドリルを採用している学校は多いでしょう。学校によっては，言葉の学習ドリルを採用している場合もあるでしょう。ドリルを選定する時には，学習を通して付けたい力や子どもにとっての使いやすさ（マスの大きさ，文字やイラストの見やすさ），ページ数などから総合的に判断するとよいでしょう。ドリルを選ぶ段階で，そのドリルに書き込んで取り組ませるのか，ドリル用のノートを別に用意して解かせるのかも考えておかなければなりません。

② 使い始めの指導，使い終わりをはっきりさせることが大切

　ドリルの使い始めには，ドリルの使い方を子どもたちと確認します。提出のタイミングや直しの仕方，いつどのように取り組むか，などです。特にドリル用にノートを用意して取り組ませる場合には，ノートに日付を書くこと，ページや問題番号を書くこと，ノートを新しいページに変える時はいつか，などについて最初に丁寧に指導しましょう。

ドリルに取り組ませるタイミングは，教師が計画的に指示を出す必要があります。漢字や言葉についてひとまとまりの学習が終わったところで1回，時間が空いて内容について少し忘れかけてきたところで1回，学期末にまとめとして1回のように，期間をあけて繰り返し取り組ませるとよいでしょう。多くのドリルは年間を通して上下巻になっているか，学期ごとになっています。教師がドリルの中身を把握して，いつ，何回ぐらいそのページに取り組ませるのか，あらかじめ計画しておくべきです。

　最後は仕上げとして，ドリルに書き込むようにするとよいでしょう。そのドリルを1冊使い終えた時には，印としてシールを貼ったりハンコを押したりするといいでしょう。直しや解き残しがないことを確認し，仕上がったドリルには印をしてやるようにすれば，子どももやり切ることができ，教師もドリルを使い終わった子とそうでない子を見分けるのに役立ちます。

③漢字ドリルの情報を生かす

　国語の授業でドリルといえば，多くの学級が漢字ドリルを使っているのではないでしょうか。国語の教科書にも新出漢字は掲載されていますが，漢字の学習においてドリルから得られる情報は多くあります。まず，お手本の漢字が大きく載っていること。正楷書体や教科書体など，書体によって少し字形が異なることはありますが，とめ・はね・はらいなどが見やすい大きさで載っています。そして読み方や書き順，成り立ちやその漢字を使った言葉など，たくさんの情報がぎゅっと詰まっている場合が多いです。ドリルの情報を参考にしつつも，成り立ちや言葉などはより子どもたちの興味を広げて漢字辞典にも手を伸ばさせることができるとよいでしょう。

　漢字ドリルにはなぞりのマスや，自力で書くマスがある場合が多いですが，この自力で書くマスはぜひ教師がその場で丸を付けるとよいでしょう。ドリルの1～2文字が整っていると，ノートも丁寧に書けます。

（外川　なつ美）

評価・家庭学習

通知表の書き方スキル

POINT
❶根拠となる資料をもとにして書く
❷向上した点を具体的に明記する
❸課題には今後の指導方法を示す

①根拠となる資料をもとにして書く

　通知表は，学校ではどのような指導をし，どのような成果が出たのかを保護者に伝えるものです。学習面や生活面において，どのような力を身に付け，どのように成長したのかを具体的に伝える必要があります。

　それによって，保護者は，我が子の学力や生活面の成長を確かめることになるのです。

　通知表には，大きく分類すると以下の三つの項目があります。

・「学習面の評価」
・「生活面の評価」
・「所見（総合所見・道徳・総合的な学習・外国語活動）」

　成績を出すためには，根拠となる資料が必要です。客観的な基準を設定し，テストの点数だけではなく，学習成果物やノートの記述，授業中の発言等，様々な観点で総合的に評価します。

　「所見」は，「学習面の評価」及び「生活面の評価」を補うように書きます。相互に関連して整合性が取れた評価になっていなくてはなりません。日頃から子どもの言動をよく観察し，記録を残しておくとよいでしょう。通知

表の内容について，担任は，保護者への説明責任を果たせるように資料や記録を整理しておくことが重要です。

②向上した点を具体的に明記する

　所見には，その学期に学校教育によって伸びた事実として，最も向上した点や進歩してきている面を具体的に示します。

　下記に示す基本的な文型に合わせて，学習内容や書き表し方に変化を付けて多様な所見文を書くことができます。

〔単元名・学習活動〕では，〔　学習内容　〕〜ができました。
〃　　　　　　　　　　　　　〜が身に付きました。
〃　　　　　　　　　　　　　〜が高まりました。
〃　　　　　　　　　　　　　〜が伸びてきています。

＜例文＞
物語文「（単元名）」の学習では，会話文や行動を表す文から登場人物の心情を想像しながら読むことができました。登場人物の様子や心情が伝わるように音読する力も付いてきています。

③課題には今後の指導方法を示す

　通知表は，子どもの次の成長につながる要素となるものでありたいと考えます。課題について文面で示す場合には，十分に注意し，保護者の教育活動への理解が得られるように書く必要があります。課題に対して，今後どのような指導または支援をしていくのかを具体的に書くようにしましょう。

（大島　静恵）

評価・家庭学習

家庭学習の工夫スキル

POINT
❶家庭学習に必要な4条件
❷子どもと保護者に働きかける
❸フィードバックが大切

①家庭学習に必要な4条件

　家庭学習を課す際に必要な条件が四つあります。
　一つ目は，「負担なく取り組める」ものです。毎日家庭で行うので，子どもが重荷に感じないものがよいでしょう。取り組む目安の時間は，学年×10分です。1年生なら10分，2年生なら20分となります。
　二つ目は，「継続して取り組める」ものです。教師が願う1年後の子どもの姿を想像し，1年間継続して取り組めるものを課しましょう。それが学習の習慣化につながり，今後に生きていきます。
　三つ目は，「進んで取り組める」ものです。教師が家庭学習を課しますが，子どもが意欲的に取り組みたくなるものを準備します。意欲をもって自ら学習したくなるように工夫します。
　四つ目は，「やってよかったと実感できる」ものです。取り組んだ成果が子どもの力となっていくものでなければなりません。楽しくやっているうちに「自然と力が付いていた」というのが理想です。
　これら四つの条件を満たすものを年度初めに決め，家庭学習を課しましょう。

②子どもと保護者に働きかける

　教師主導で家庭学習を進めていくわけではありません。子どもと保護者に家庭学習について目的や目標を示すことが大切です。1年間の初めにきちんと説明するところから行います。

　子どもに対しては，家庭学習の目的や進め方，1年間の流れなどを年度初めに話します。現在だけでなく，将来必要な力を付けるためにも必要があることを強調すると納得できると思います。家庭学習の手本を提示し，「何を」「どのように」「どの程度」取り組めばいいのかを可視化します。やり方がわからないということを防ぎ，やる気を削がないためです。

　保護者に対しても，子どもと同様に年度初めに家庭学習についてお伝えします。家庭学習の中には，保護者に音読の確認やプリントの丸付けなどをしていただくことがあります。4月の保護者会でご理解いただき，協力をお願いしましょう。教師は，忙しい保護者の気持ちに寄り添わなければなりません。保護者会や個人面談で，家庭学習の取り組みを積極的にお伝えしましょう。学校での学習と家庭での学習がよい循環となり，子どもの力が付いていくように保護者と協力していきましょう。

③フィードバックが大切

　子どもと保護者に対し，家庭学習のフィードバックが必要です。子どもに間違いが多かった問題を取り出して指導したり，自ら工夫してノートを書いてきた子どもを全体に紹介したりします。教室に掲示して可視化したり，学級通信に掲載したりすると，さらに子どものやる気が出るはずです。子どものよいところをたくさん見つけ，前向きに家庭学習に取り組ませ，力が付いていくように指導していきましょう。

（渡邉　知慶）

教材教具・教室環境

国語教科書の効果的な使い方スキル

POINT
❶ 教材の配列を意識し，年間計画を見通す
❷ 「もくじ」の活用で学習への期待を高める
❸ 必要感をもって教科書を読ませる

①教材の配列を意識し，年間計画を見通す

　教科書は，資質・能力を段階的に身に付けるため，教材配列に工夫がなされています。そこで，教科書の教材で何を教え，どんな力を子どもに付けるのかを明確にし，年間を見通した計画的な教科書活用が望まれます。次のような，簡単な計画表をつくっておくのもよいでしょう。

（例）２年生説明文（光村図書）
　　身に付ける資質・能力「順序立てて説明文を読む力を付ける」

5月	たんぽぽの　ちえ	書かれていることの順序に沿って読ませる。
9月	どうぶつ園のじゅうい	時間を表す言葉に注目して順序よく読ませる。
1月	おにごっこ	事例の順序性を意識して読ませる。

　単一の教材で学力を付けるのではなく，複数の教材を系統的につないで資質・能力を身に付けさせるという視点で教科書を効果的に活用しましょう。上の表でいえば，９月の説明文教材を読む際に，５月の教材を再度読ませて学んだことを振り返ったり，１月の学習が終了した時点で，年間の説明文の学びをまとめたりする学習を取り入れるとよいでしょう。

②「もくじ」の活用で学習への期待を高める

　新学期，まっさらな教科書を配られた子どもたちは，これから始まる学習に興味津々でしょう。表紙の絵をじっと見つめる子，パラパラとページを繰る子……。こんな子どもたちの期待をさらに高めるために，「もくじ」ページを子どもと読み合うことをおすすめします。

　その際，教材名よりも，単元名（言語活動）に注目させるようにします。「音読げきをする学習があるよ」「楽しみだね」「去年も○○を読んで，音読げきをしたね」など，学習内容を見通したり，既習事項を振り返ったりすることができれば，「読む」「書く」「話す・聞く」それぞれの国語技能向上に有益です。なお，教科書にはこれまでの学習をおさらいするページがあり，それらと関連付けることもできます。

　さらに，右のノートのように，「もくじ」を読んで感じたことを書かせることで，教師も子ども一人ひとりの期待感を見取ることができます。

③必要感をもって教科書を読ませる

　授業の導入場面で教科書を開かせる必要はありません。子どもたちが「教科書を読みたい。確かめたい」という思いを十分に引き出してから教科書を読ませるようにします。

　例えば，２年生。生活科でつくったおもちゃの説明書を書く活動を計画します。第１時で，まずは書かせてみます。でも，うまく書けるものではありません。「どうすればうまく書けるの」「上手な文章を読んで，真似てみたいな」など，子どもは声を上げるでしょう。そのタイミングで教科書を見せるのです。「教科書には，知りたい大切なことが書かれているのだな」と実感させることが大切です。

（金本　竜一）

教材教具・教室環境

教材教具の使い方スキル

POINT
❶教材の特性を生かして授業をつくる
❷教具の活用で全員を授業の主役にする

①教材の特性を生かして授業をつくる

(1)「プリント教材」で子どもの学びをスムーズに

　教師の自作ワークシートや指導書ワークシートを活用して授業することで，学習のねらいに沿ったスムーズな学習展開がしやすくなります。例えば，説明文の論理的な展開を理解させるために，段落ごとの働きを図表で整理させるなど，一斉に基礎基本を定着させたい授業場面で有効です。

(2)「視聴覚教材」で学習モデルを示す

　教材文の読み取りを通して，多彩な表現活動へつなぐ単元的な学習展開を考えましょう。その際，子どもたちに「ニュースキャスターになろう」「朗読劇をしよう」等の具体的な表現手段を示すことになります。そんな時，単元導入時に，プロが演じる映像を視聴しておくと，ゴールへの見通しが明確となり，意欲的に学習へ向かう子どもの姿が期待できます。

　「子どもに表現モデルを示す」手段として視聴覚教材の活用が有効です。

(3)「本物教材」で学びへの興味・関心を広げる

　子どもたちの「読み」によって形成されるイメージを補完する目的で本物教材を提示しましょう。特に低学年の子どもは，本物との出会いによって，より豊かな想像世界をつくっていきます。例えば，1年生「たぬきの糸車」

では，民俗博物館から糸車をお借りし，子どもたちに触れさせることによってお話の世界観をイメージしやすくしました。2年生「スーホの白い馬」では，地域の団体にお願いして「馬頭琴」の演奏会を開き，モンゴル文化に触れることで外国作品への興味付けを行いました。

②教具の活用で全員を授業の主役にする

（1）名前マグネットを活用しよう

黒板に貼付できる名前マグネットを準備しておくと，子どもたちの協働的な学びに役立ちます。

例えば，「筆者の意見に反対ですか，賛成ですか」など，対立する意見について話し合う場面で，自分はどちらの立場を支持するのか，名前カードを黒板に貼付することで全員の考えを視覚化できます。議論をする過程で，意見が変わればカードを移動させることもできるので，その点でも便利です。教師も，子どもの思考の過程や変化を見取れるので，評価に役立ちます。

2年生の実践。「ふたりはともだち」シリーズを20話読んだ上で，それぞれのお気に入り話について語り合おう，という学習を設定しました。ここで，名前カードを活用し，誰がどの話を気に入ったのか視覚化したのです。すると，「○○くんは『おちば』の話が気に入ったのか。どうしてか聞いてみたいな」などの声が上がりました。対話意欲が増した子どもたちは主体的に物語の世界に浸り，友達との対話を通して読みの力の向上につなげました。

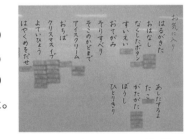

（2）ミニホワイトボードを活用しよう

百円ショップなどで売っている小さなホワイトボードも教具として便利です。1人1枚持たせておくと，全員参加型の学習活動が容易になり，幅が広がります。自分の考えをボードに書いたり，図や絵を描いたり，一人ひとりの思考を可視化できるツールとして活用してみましょう。

（金本　竜一）

教材教具・教室環境

電子黒板，ICTの活用スキル

> **POINT**
> ❶電子黒板の利点を生かす
> ❷タブレット活用で学びの質が劇的に変わる
> ❸教師用タブレットで子どもの成果物を管理する

①電子黒板の利点を生かす

（1）子どもが主役になれる

　従来，教師が黒板に向けてしていた操作を，子どもが担えるという点は，大きな魅力です。テキスト文にサイドラインを引いたり，書き込んだりする活動を子どもたちに任せることで，学習への意欲が高まります。

（2）学びがつながる

　電子黒板の保存性・復元性を生かしましょう。電子黒板は，前時に書き込んだ内容をそのまま復元できるので，前時と本時の学びがつながりやすくなります。この機能を活用することで学習の定着が期待できます。

（3）学びを焦点化できる

　テキスト文を拡大・縮小したり，キーワードに色を付けたりして，学習で着目すべきポイントを視覚的に提示できます。そうすることで子どもの意識が焦点化し，効率よく学習を深めることができます。

（4）双方向的に学べる

　教科書と違い，子どもの視線は前を向きます。教師も子どもに背を向けなくてすみます。視聴覚教材も活用して，双方向的な学習が実現できます。

②タブレット活用で学びの質が劇的に変わる

1年生から iPad 等を用いた学習が可能です。例えば，校内のお気に入りの場所を撮影し，写真をもとにスピーチを組み立てる学習や，映像にナレーションを入れて上手な説明の仕方を考える学習など，写真撮影機能を活用することで言語活動の幅が広がります。

ここで，子どもたちは言葉と画像・映像を関連付けようとします。どのシーンでどの言葉を選べばよいか，画像であれば，どの部分を拡大・縮小すればよいかなど，視覚教材があることで，より深く言葉を吟味する国語学習の展開が可能です。

高学年では，より創造的な学習が可能です。例えば，「お気に入りの詩を紹介しよう」という学習で，詩のイメージと合う音楽と詩の朗読を合わせてタブレットに録音し，一つの作品として残すことができます。

このように，ICT 活用によって，これまでの学びが劇的に変わります。しかし，これらは「手段」であって，「目的」ではありません。子どもの学びの質を高め，意欲的に学習させるための活用の仕方を工夫しましょう。

③教師用タブレットで子どもの成果物を管理する

子どもの成果物を全て撮影（PDF ファイルに変換するアプリを使うと便利です）し，cloud に保管しておくことをおすすめします。そうすることで，瞬時に紹介したい作品や作文を電子黒板に投影したり，児童用タブレットに送信したりでき，授業の効率化につながります。また，保護者会や面談の時に保護者に見せることで，視覚的に学びの様子を説明できます。

また，ノートチェックの際に，学級全体に広げたい記述があれば撮影しておくとよいでしょう。授業導入場面で電子黒板に投影するだけで，「前時の振り返り」ができるなど，授業の質改善につながります。

（金本　竜一）

30 教室環境の工夫スキル

教材教具・教室環境

> **POINT**
> ❶学年の実態に合わせて机を配置する
> ❷学びのあしあとを掲示する
> ❸学習関連コーナーを教室につくる

①学年の実態に合わせて机を配置する

　学年の実態に合わせて机を配置することが学習環境を整える第一歩です。

　低学年の場合，まずは「先生と目を合わせて，しっかり話を聞く」姿勢を身に付けさせる必要があります。そして，授業展開も，教師と子どもの問答が中心であることが多いです。そこで，机の配置も，教師が子どもたちの表情を一斉に確認できる「一斉学習型」の配置が望ましいでしょう。

　中学年以降は，子ども同士が関わり合い，協働的に学習する場面も増えていきます。対立した意見について討論したり，クラス全体で考えを練り上げながら問題解決したりするなど，子どもが主体的に活動します。そこで，子どもたち同士が一人ひとりの表情を見て話せる「コの字型」に机の配置を変更することも一案です。また，この配置にすると，教室中央部にスペースができるので，子どもたちのパフォーマンスの幅も広がります。

　他にも，3・4人のグループで机を合わせる配置も考えられます。

②学びのあしあとを掲示する

　学習したことを日常生活に生かしたり，次なる学びにつなげたりすることで確かな言葉の力が育まれます。国語学習での学びを教室に掲示し，クラス全員が視覚的に学びを振り返られる環境を整えることは重要です。

事例（1）読み聞かせ本の表紙を掲示する（低学年）

　教室で読み聞かせた絵本の表紙をコピーし，掲示します。「『おむすびころりん』は，繰り返しのあるお話だったね。これまで読んだ本にも繰り返しのお話はあったかな」など，学習と関連付けて話題を提供することが可能です。また，「ナンバーワン絵本」を選んだり，絵本同士を比べたりする学習活動を展開することが，読書意欲を高めていきます。

事例（2）国語技能の向上につながる「ガイド」を掲示する（中学年）

　学びの連続性を意識した掲示をすることで，子どもたちの国語力向上につなげましょう。「教材の内容」を掲示するのではなく，この先の学習の「ガイド」になるような掲示を目指します。右の写真は，3年生の教室です。学年当初に学んだ説明文の構成を視覚化しておくことで，年間を通して子どもが意識できるように工夫されています。

③学習関連コーナーを教室につくる

　教材に関連した書籍を並べたり，実物を展示したりする工夫で子どもたちの興味・関心を広げましょう。コツは，学習が始まる1週間ほど前に関連コーナーをつくることです。そうすることで，学習に対する子どもたちの期待も高まるでしょう。図書室や地域の施設との連携も考えられます。思いつきではなく，学年当初から計画的に準備することが大切です。　　　（金本　竜一）

言葉の指導

語彙の指導スキル

> **POINT**
> ❶語彙の量と質を充実させる
> ❷小単元と取り出し指導を組み合わせる
> ❸言葉遊びを工夫する

①語彙の量と質を充実させる

　語彙指導の目的の一つは，自分の語彙を増やし深め，語彙の質を高めることです。低学年では「身近なことを表す語句」を，中学年では「様子や行動，気持ちや性格を表す語句」を，高学年では「思考に関わる語句」を増やします。語彙を増やした上で，質の高い語彙を身に付け，最終的に日常生活で適切に使えるように指導します。

　語彙指導の授業では，普段何気なく使っている言葉に立ち止まらせます。一つの言葉に目を向けさせると，子どもはもっと調べたり，探したくなったりします。語彙を増やす際には，生活と結び付いた実感を伴った場面を思い出させます。中学年を例にすると，「楽しい」という言葉からどのようなことを思い出したのかを子どもに聞きます。すると，子どもの経験したたくさんの楽しい場面が出てくるでしょう。それらを聞いた子どもは，自分の中の「楽しい」という言葉を深められます。また，「楽しい」と似ている言葉を考え吟味させることで，語彙を増やします。さらに，「楽しい」を使った例文を考えさせることで，日常生活で使える素地をつくることができます。子どもの興味関心を生かして，語彙の量と質の充実を図りましょう。

②小単元と取り出し指導を組み合わせる

　語彙指導は，小単元で行う場面と取り出し指導で行う場面の組み合わせからなります。

　小単元で行うのは，「類義語」など一つのテーマを学習する授業です。教科書に語彙に関する単元があります。一つのテーマがまとめられており，問題演習を中心に理解しやすくなっています。しかし，子どもの興味関心から生まれたものではなく，日常生活に生かしにくい点もあります。

　取り出し指導で行うのは，文学的文章の読むことの学習中や子どもの作文，読書感想文，日記の中から一つの言葉に着目させる時などです。その場で取り上げて指導することで，子どもの興味関心のある中で理解を深めることができます。

　二つの指導場面はどちらも大切です。語彙指導では，小単元で行う場面と取り出し指導で行う場面の組み合わせの双方から子どもに働きかけ，語彙を広げ深め使えるようにしましょう。

③言葉遊びを工夫する

　教科書の小単元だけでなく，子どもが楽しみながら学習できる「言葉遊び」を取り入れてみましょう。「言葉遊び」の中で，言語感覚が育ったり，日常生活に生かせたりして，様々な効果があります。豊富な種類の「言葉遊び」がありますが，大きく五つに分けられます。①集める　②組み立てる　③置き換える　④埋める　⑤当てる　というものがあります。これらを独立させるだけでなく，組み合わせることもできます。語彙指導の目的を見据え，工夫して「言葉遊び」を開発し，子どもが一つの「言葉」に目を向ける姿を見られるようにしましょう。

(渡邉　知慶)

言葉の指導

漢字の指導スキル

POINT
❶字形の原則をつかませる
❷最初からいろいろな読み方に触れる
❸言葉集めで漢字の意味を理解させる

①字形の原則をつかませる

　小学校で学習する漢字は新学習指導要領では1026字，ただただ覚えようとすればこれは大変な数です。そして，漢字の学習は中学校以降でも続きます。そこで，様々な漢字に共通する字形の原則を覚えれば，漢字と漢字の関連やつながりがわかり楽しく学習できるのではないでしょうか。

　漢字のバランスのとり方については，偏と旁のある字，冠のある字，字の中心が縦の十字リーダーを通る字など，いくつかのパターンがあります。例えば偏については，あまり太くしすぎず旁の部分にスペースを譲るように書くことでバランスよく見えます。

　書き順にも原則があります。大抵の漢字は上から下の順に，そして左から右に筆を動かして書きます。また「中・車・申」などの字は，貫く画を最後に書きます。これは「田・由」と比べるとその違いがわかりやすいでしょう。

　部首についても，漢字を学びながら積極的に覚えていくことで，新しい字と出合った時に一から形を覚える必要がなくなります。部首を通して漢字同士のつながりを理解することで，その漢字の意味についても理解を深めることができます。

②最初からいろいろな読み方に触れる

　教科書で新出漢字が出てきた時に，学習するその漢字の全ての読み方が扱われない場合があります。例えば１年生の配当漢字「上」は「うえ」として登場しますが，後から，「あ（げる）・のぼ（る）」を学びます。そして１年生の教科書には「ジョウ」は登場しません。ただ，子どもたちにとってその漢字に一番興味をもつのは，初めてその字と出合った時でしょう。言葉集めをしている時にその漢字を使った言葉として難しい読み方を含むものが子どもから挙がった場合には，無理に覚えさせる必要はないものの積極的に取り上げてあげるのがよいと思います。

③言葉集めで漢字の意味を理解させる

　１年生に初めての漢字を教えると，言葉集めで面白いことが起きます。例えば「大」の字の学習で「大，を使った言葉を知っている人？」と尋ねると「日本だい表！」「ダイヤ！」のような発言が出ます。それもそのはずで，入学以来学んできた平仮名・片仮名は１音に１文字が対応しているものであったからです。「あ」という音に対応する片仮名は「ア」１文字しかありません。ところが漢字では同じ音でも異なる文字が「大・台・代・題……」のようにあります。そこで，それぞれの文字の意味から使い方を判断することが大切です。

　漢字のもつ意味をつかませるには，その字の意味を教えるのはもちろんですが，その漢字を使う言葉を集めることが有効です。子どもたちに知っている言葉を挙げさせ，教師の方でも知っておいてほしい言葉を挙げ，どんどん板書しましょう。このようにして板書されたいくつかの言葉を眺めると，その意味の重なりから新しく学んだ漢字の意味を理解することができるようになるでしょう。

（外川　なつ美）

言葉の指導

言葉遣いの指導スキル

> **POINT**
> ❶教師の言葉遣いは言語環境と考える
> ❷授業で使うのは公の言葉
> ❸相手意識が敬語を育てる

①教師の言葉遣いは言語環境と考える

　担任教師の声かけや叱り方とそっくりな口調で，学級の友達に話しかけている子を見かけたことはないでしょうか。教師の言葉遣いを子どもたちはつぶさに聞いています。教師として授業はもちろん，学校生活のあらゆる面で話し方のプロとしての「範を示す」という意識が求められます。教師が自分の話し言葉を磨くために自分の話し言葉を録音して振り返ってみたり，話し方の講座を受講してみたりすることも一案でしょう。もちろん話し方だけでなく話す内容も磨かれるべきです。言葉のアンテナを高くして，新聞の文章や優れた詩文など，練りに練られた文章に触れる習慣をもちたいものです。

　朝から夕方まで子どもと生活をともにし，場合によっては家族より多くの時間を一緒に過ごす教師ですが，あくまでも「教師と子ども」ですから，友達のような言葉遣いは望ましくありません。言葉遣いを崩すことは一瞬ですが，一度崩れた言葉遣いを整えるのは大変です。言葉遣いには関係性が表れるものだということを念頭に置いて，学級で使われる言葉に敏感でいたいものです。子どもが家庭で使う言葉と同じ感覚で「先生，トイレ（先生，お手洗いに行ってもいいですか）」のように言うこともあるでしょう。機会を捉

えて，省略をしない，正しい言い方に言い直させるとよいのではないでしょうか。

②授業で使うのは公の言葉

学校は子どもたちにとって生活の場であると同時に社会でもあり，授業中に使われるのは公の言葉であるべきです。発言をする時には語末に「です，ます」を付けた丁寧語を使い，「～さん」という呼び方を基本とするべきでしょう。

子どもたちの語彙や言葉の世界は，学年を追うごとに次第に広がっていきます。その発展途上の段階ですから，当然子どもが言葉を間違って使ってしまうこともあります。一人の子どもの間違いは，学級の他の子どもも同じように勘違いしている可能性がありますから，間違いは宝としつつもそのままにせず，その都度正しく直すとよいと思います。

③相手意識が敬語を育てる

敬語は，教科書やプリントで知識として学ぶことはできても，必然性をもってその使い方を学ぶ機会となるのは敬うべき相手を前にした時でしょう。保護者や地域の方を発表会に招いたり，ゲストティーチャーの方に教わったりする時こそ，敬語を実践的に学ぶチャンスです。他教科の学習であったとしても，国語の時間に招待状を書いたり，お礼状を書いたりする時間を設けるとよいでしょう。特に手紙は，子どもが自分の書いた文章を読み直し，清書してから相手に渡すことができるので，途中に教師の指導が入れやすいといえます。機会を捉えて丁寧な言い方や敬語を身に付けさせ，目上の人を敬う態度を養いたいものです。

（外川　なつ美）

言葉の指導

音読・朗読の指導スキル

POINT
❶声の出し方を鍛える
❷個別のチェックを欠かさない
❸音読・朗読を表現方法として捉える

①声の出し方を鍛える

　声を出すということについて，私たちはあまり意識せずとも幼児の頃から当たり前のようにしています。しかし，１年生の入門期という時期に改めて，口形や姿勢を学ぶことが重要です。そして，ここで学んだことは，これ以降の単元での音読・朗読で繰り返し触れられると効果的です。

　口形については，基本となる「ア・イ・ウ・エ・オ」の母音の口の形の違いを意識させ，口の周りの筋肉をしっかりと動かすように促しましょう。例えば，わざと「エ」の口の形で「オ」と言わせてみると，子どもたちはその違和感に笑い出します。裏を返せば，それぞれの母音をあいまいな口形で声にしても，聞きやすい発声にはならないということです。姿勢については，お腹や背中が曲がらないようにして，お腹から声を出させる癖を付けたいものです。声を出す時には口や喉（声帯）はもちろんですが，体全体が楽器だという意識をもたせるとよいでしょう。

　また，いつも大きい声ならよいかというと，そうではありません。時と場合によって声の大きさを使い分けさせるためには「声のものさし」がわかりやすいでしょう。「１・２・３・４」のようにボリュームの目盛りのように

している学級もあれば,「ねずみの声・犬の声・ライオンの声」など動物の大きさでイメージさせている教師もいるでしょう。普段から見える場所に掲示して,折に触れて確認するようにします。全員に発表する時と,微音読をする時では,声の大きさを使い分けられるようになるといいですね。

②個別のチェックを欠かさない

　学級の子どもが一斉に音読をすると,一人ひとりの発声の様子や読み間違いなどは埋もれてしまい,教師が一人ひとりの子どもの声に気付くことができません。一人でもすらすらと音読ができるように,音読の宿題を出している学級は多いでしょう。音読の宿題は家庭の協力を得られなければできませんが,保護者も今学校で学習している内容を知る機会にもなり,子どもの音読を聞くことを喜ばれる方も多くいます。ただ漫然と取り組むのではもったいないですから「ゆっくりはっきり／大きな声で／気持ちを込めて」など,観点を示して保護者に音読を聞いてもらうよう,協力をお願いするとよいでしょう。

　そして音読の練習を家庭でさせたならば,授業の時に音読の機会を設けて,上手になったところを具体的に褒めてあげましょう。

③音読・朗読を表現方法として捉える

　学年が上がるにつれて,文学的文章での読み取りを単元末の音読・朗読に生かしたり,単元のまとめとして音読発表会を開いたりすることが増えるでしょう。グループで取り組ませる時には,共通の音読記号をつくってから取り組むと,子ども同士で読み方の意思疎通が図りやすくなります。友達と声を揃える楽しさや,声で表現する楽しさを味わうことができる活動を,年間の中に計画的に配置することができるとよいでしょう。

（外川　なつ美）

情報の扱い方の指導

国語辞典，漢字辞典の使い方の指導スキル

> **POINT**
> ❶国語辞典と漢字辞典の違いを知る
> ❷辞典を使って，言葉当てクイズをする
> ❸漢字の学習で辞典を活用する

①国語辞典と漢字辞典の違いを知る

　国語の授業で，辞典の使い方を学習することも多いでしょう。国語辞典の多くは，50音順に言葉が並んでおり，言葉の意味や漢字での表記を調べることができます。現在では数多くの国語辞典が出版されており，それぞれに特徴があります。小学生向けの辞典には，教科書に登場する物語文の作者が載っているものもあります。漢字辞典は，漢字の音読みや訓読み・成り立ち・その漢字を用いた例文などが載っています。読み方を知りたい漢字がある時に，漢字辞典が活躍します。

②辞典を使って，言葉当てクイズをする

　授業の導入で行える活動をご紹介します。「辞書を使った言葉当てクイズ」です。主な手順は次の通りです。

・子どもの中から，担当者を選ぶ（1回につき，1人か2人がよい）。
・担当者が，みんなに辞書の中から探し出してほしい言葉を選ぶ。
・その言葉の意味・最初の文字・文字数を，担当者が全員に伝える。

・クラス全員で，辞書の中からその言葉の意味を探す。
・担当者は，必要に応じてヒントを出す（例文など）。
（例）
担当者：意味を言います。「あやしい者。油断のできない人物」
　　　　最初の文字は「く」で，4文字です。（正解は，「くせもの」）

　「辞典を引くことに慣れることで，辞典を身近に感じられるようになる」「今まで知らなかった言葉を知ることができる」「なんとなく知っていた言葉の意味を，はっきりと知ることができる」といったように，日常生活でも生かせる言葉の力を少しずつ身に付けることをねらっています。

③漢字の学習で辞典を活用する

　漢字の学習では，様々な授業スタイルがあります。「漢字ドリルやスキルを使って，新出漢字を学ぶ」「ノートに漢字練習をする宿題を出す」等です。漢字の習得はどの学年でも課題となりますが，大事なのは，その漢字の使われ方を知ることや，日常生活の中で使い続けることで身に付けることです。漢字を学ぶ授業のアイディアをご紹介します。子どもが輪番制で新出漢字を紹介していく方法です。自分が担当する漢字について漢字辞典を使って調べます。調べた内容はプリントにまとめ，担当が回ってきたら，教室の前で新出漢字について紹介します。右のような漢字プリントを使って，漢字の理解を深める方法もあります。日常から，連絡帳やノートへの記入で文字を書く機会は多くあるので，習った漢字は使おうと呼びかけることも効果的です。子どもたちが漢字に興味をもって取り組めるような工夫をしたいものです。

（廣瀬　修也）

情報の扱い方の指導

百科事典,子ども新聞の活用のさせ方スキル

POINT
❶百科事典とはどういうものかを知る
❷学校の百科事典を自分たちでつくる
❸子ども新聞から,情報を得る・新聞の構成を学ぶ

①百科事典とはどういうものかを知る

　百科事典は,あらゆる科目にわたる知識を集めたもので,それらを五十音順もしくは種類ごとに分けて,解説を書いてあるものです。最近の百科事典には,図や写真が豊富に載っており,子どもたちも調べている内容がイメージしやすいように構成されています。

　まずは,百科事典を手に取ってみることから始めてみるといいでしょう。国語の時間に,百科事典の構成や用途等,大まかな説明をします。百科事典の説明ができる紙芝居もあるので,活用するといいかもしれません。説明が終わったら,子どもたちを図書室に連れていきます。百科事典のコーナーに行き,自分の興味あることを百科事典で引いてみる活動をすることで,百科事典に触れ合うことができます。

②学校の百科事典を自分たちでつくる

　辞典や事典といえば,もともとあるものを読むものという印象があるかもしれませんが,自分たちでつくり上げる活動もできます。百科事典を読み,構成を学んだ上で,「学校の百科事典をつくろう」と子どもたちに話します。

例えば，施設について書く場合は，次のような観点を示し，取材をするようにします。

1	名前（平仮名，漢字の順で書く。）
2	面積や大きさ
3	その場所でできること
4	その場所を使う時に気を付けること
5	その場所についてのエピソード
6	キャッチコピー

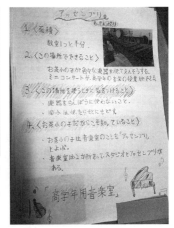

取材内容が全て入るように，レイアウトを考え，書き始めます。授業の中で新聞やリーフレットをつくる時もそうですが，見た人がわかりやすい工夫をするように子どもたちには伝えます。

③子ども新聞から，情報を得る・新聞の構成を学ぶ

　子ども新聞（小学生用の新聞）には，今話題となっている時事問題やこれから子どもにとって必要とされる教育（例えば論理的思考力やプログラミング教育）等について，とてもわかりやすく説明されています。

　また，子ども新聞の中には，本の紹介コーナーもあります。最近注目されているのはどんな本か，学習や生活に役立つ本にはどんな本があるのか。読書指導と関連付けて活用してみるのもいいかもしれません。

　子ども新聞からは，情報を得るだけでなく，「新聞の構成」を学ぶことができます。授業の中で，新聞をつくる活動を取り入れている学校も多いと思います。子ども新聞をモデルとして構成について学ぶ方法も考えられます。「見出しの書き方・文章の書き方・図や表や写真の使い方・全体のレイアウト」等，子ども新聞は身近なモデル新聞になります。新聞作成に苦労している子もモデルを見ることで書き始められます。

（廣瀬　修也）

情報の扱い方の指導

メモの取り方の指導スキル

> **POINT**
> ❶系統的・継続的なトレーニングをする
> ❷「本物」メモから学ばせる
> ❸ICT活用でメモする力を付ける

①系統的・継続的なトレーニングをする

　「メモを取る」という行為は社会人であれば誰しも経験のあることです。しかし，「聞き取った情報から必要な事柄だけを抽出し，構造的に短く書く」ことが子どもにとって容易でないことは想像に難くありません。社会で生かされる学習だからこそ，系統的・継続的な指導が重要です。

　例えば，「お話を聞いて，大事だなと思った言葉を書き留める」→「必要なことだけ箇条書きで書く」→「矢印や囲みを使って，構造的に書く」など，段階を踏んで目標を設定し，メモを取る経験を１年生から積ませましょう。継続させるために，次のような活動もメモを取る力を付けるトレーニングだと位置付けて取り組んでみましょう。

・朝礼での校長先生の話を聞いて，大事だなと思った言葉を書く。
・友達のスピーチに対して評価コメントを書く。
・教師が話した漢字の書き方のコツをテキストに書く。

　系統性・継続性の観点からいうと，他教科と関連させた指導が大切なのはいうまでもありません。

②「本物」メモから学ばせる

　大人が取った（できれば，新聞記者など，プロの方の）メモを教材化して提示します。「メモの取り方の工夫」は教科書でも教材化されていますが，ここではあくまで「本物」を見せることで子どもたちを惹きつけます。そして，どんな情報を書いたメモなのか，予想させます。

　「丁寧に書いていない」「文でなく，短い言葉で書いている」「この囲みは何」など，いろいろな声が上がるでしょう。子どもの声を拾いながらメモを取る意味や上手なメモの書き方を整理していきます。ここでポイントになるのは，矢印や囲みの意味をきちんと理解させるということです。矢印は「順番・手順・理由など」を表す時に用いられることが多いです。そして，囲みは「一つのまとまり」や「重要度」を表します。一つ一つ確かめて，自分のメモに生かせるようにします。

　聞き取りメモではなく，気付きやアイディアを書き留めるメモの場合は，「自分さえわかればよい」という意味合いが濃くなります。クラス（自分）のオリジナルマークを考案させて，楽しく学習させることも可能です。

③ ICT 活用でメモする力を付ける

　iPad 等を活用できる環境があれば，メモアプリを使っての学習活動をおすすめします。メモの重要度に応じて色付けしたり線の種類を変えたりすることができます。メモが複数の教科にまたがっても，メモを分類整理し保存しておけるので便利です。削除して何度も書き直せるという点でも，メモ力を付けるのに最適な教具です。

　インタビューメモを取る練習にも iPad 等が活用できます。人から聞いたことを即座に書き取ることは大変難しい作業です。しかし，インタビューを動画で撮影しておき，教室で再生しながらメモを書く活動であれば，低学年でも可能です。聞き取りにくい箇所をリピート再生し，友達と協働的にわかりやすいメモの取り方を学ぶことができます。

（金本　竜一）

情報の扱い方の指導

思考ツールの活用スキル

POINT
❶使い方ルールを決め，共有する
❷学習場面に応じて活用する

①使い方ルールを決め，共有する

　思考ツールは，頭の中の情報を書き込むための図形の枠組みです。単純な図形ゆえに多様な学習場面で活用されています。頭の中のイメージをツールに書き出すことで思考が可視化されるため，より主体的・対話的な学習を促すという利点があります。

　まずは，「使い方ルール」を子どもたちと共有します。例えば，ベン図であれば，「二つのものを比べる時に使う」「共通点は円の重なりに書く」「相違点は視点を揃えて重なっていない部分に書く」などの基本作法です。思考ツールはもともと使い方が限定されているわけではないので，混乱を避けるためにも，「こう考える時は，この図を使う」と決めておきましょう。

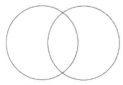

ベン図（比べる）
円の重なりに共通点を，相違点を外側に書く。

Xチャート（分類する）
ある視点に基づいて分類した情報をそれぞれの部屋に書く。

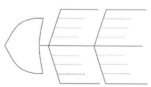

ボーン図（多面的に見る）
主張を魚の頭に書く。主張に対する違う視点からの理由・根拠を小骨に書く。

❷学習場面に応じて活用する

(1)「イメージマップ」で想像を広げる

イメージマップは，想像を広げる学習場面で使える思考ツールです。

1年生『くじらぐも』を読む学習では，「くじらぐもの上で，お話しよう」という課題を設定しました。しかし，場面を豊かに想像する力が育っていない1年生には難しい課題です。そこで，イメージマップを使い，言葉をつなぎながら想像を広げる時間を設けました。「まち」を中心に置き，頭の中で見える想像の景色を書き込みます。ここでのポイントは「見えるもの」「聞こえる音」「気持ち」などの視点を与えておくことです。そうすることで，多面的な見方で想像を広げることができます。その後，イメージマップに書いた情報をもとにして，学習課題に向かうことができました。

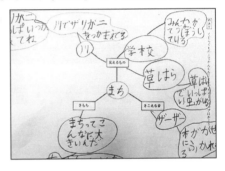

(2)「ピラミッドチャート」で主張を組み立てる

ピラミッドチャートは，自分の意見を構造化する（組み立てる）学習場面で使える思考ツールです。1段目に複数の事実を置き，それらをもとに，事実を抽象化，さらに自分の主張へつなげる思考過程を可視化します。

行事作文を書くにあたって，「組み立てメモ」を作成した3年生の実践例です。1段目に水族館での思い出を，色付箋紙を用いて視点別にメモします。1段目のメモをもとに，2段目で段落構成を考え，さらに3段目で題名にまとめるという手順です。ツールに書き出すことで，文章の論理が明確になり，その後の作文が書きやすくなります。（金本　竜一）

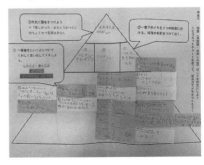

言語文化の指導

ことわざや慣用句の指導スキル

POINT
❶言葉のもつ奥深さ・面白さを味わう
❷意味と日常生活の場面をつなげる
❸学びを視覚化する

①言葉のもつ奥深さ・面白さを味わう

　ことわざには，昔から人々が伝えてきた物事の道理や教訓，人の本質などが表されています。中には歴史的事実が背景にあるものもあります。

　慣用句は，二つ以上の語が結び付いて元の意味とは違った特定の意味を表すものであり，歴史的・社会的な価値観を表すものではありません。

　ことわざや慣用句を学習する上で大切にしたいことは，先人たちにより培われてきた表現であることを知り，言葉のもつ奥深さや面白さを感じることです。そして，言語生活を豊かにするために使えるようになりたいと学ぼうとする姿勢を育て，実際に日常生活の中で使えるようになっていくことが望ましいです。

　そのためには，日常生活においてよく使う言い方でもことわざや慣用句を用いて表現することによって，言葉に重みが出ることや直接的に伝えないことの効果を実感することが重要です。

　ただし，中には時代に合わなくなった言い回しや差別や偏見に基づいた言葉があること，使用する時には人権的な配慮を要する場合があることを指導する必要があります。

②意味と日常生活の場面をつなげる

　言葉のもつ奥深さや面白さ，さらに有用性があることを感じるためには，ことわざや慣用句の意味と日常生活の場面を結び付けて考えることが必要です。

　日常的に使う言葉を慣用句に言い換えたり，ある場面をことわざで言い表したりする学習を積み重ねていきます。例えば，下記のような例文を示し，慣用句で言い換える場合どの言葉が適しているかを考えさせます。例文はできるだけ子どもが経験している場面にすると，意味を予想しやすく，その有用性があることも実感しやすくなるでしょう。学習の導入時はクイズ形式にするなど楽しく学べる工夫も必要です。意味を正しく理解できるように国語辞典などを用いて調べる習慣を付けるようにします。

③学びを視覚化する

　学習することで新しい知識を得られることは嬉しいことです。ことわざや慣用句の学習においても，これまで知らなかった意味や使い方を知ることで，子どもは実際に使ってみたいと思うことでしょう。得た知識を使えるようにするために，「慣用句カード」や「ことわざカルタ」をつくるなど学んだことを視覚化しながら蓄積していくことが大切です。必要な時にカードをめくり，言葉を選択し活用することで，子ども自身の言語生活が豊かになっていくのです。言語活動は，子どもの実態に合ったもので学習が継続できるものがよいでしょう。

（大島　静恵）

言語文化の指導

短歌や俳句の指導スキル

POINT
1. 言葉をためる
2. 環境を設定する
3. 終末を工夫する

①言葉をためる

　短歌や俳句は，短い音数からなる詩です。中学年では「易しい文語調の短歌や俳句を音読したり暗唱したりするなどして」，高学年では「親しみやすい古文や漢文，近代以降の文語調の文章を音読するなどして」言葉の響きやリズムに親しむことが大切です。高学年では，実際に短歌や俳句をつくってみることで，よさを考えたり，音読の意義を感じたりできます。

　短歌や俳句をつくる時のために，日頃からいろいろな言葉と出会い，触れるようにします。器を耕しておきます。まずは，つくられたものを読みながら，穴埋めを考える活動から始めます。感覚を鋭くし，楽しんで言葉を使えるようにします。その後，日常生活から様々な言葉を集め，その中から吟味して試行錯誤してつくらせます。

　俳句に使う言葉を集めるために，「季節の言葉集めカード」を使います。単語帳を使い，日常生活や休み時間に，草木や給食の献立，空の様子などから，季節を感じられるものを書き出していきます。表面には，季節感を感じられる

ものを，裏面には，見つけた日にちと状況や場所，一言感想などを記入します。後で見返した時も，実感の伴った言葉がたくさんためてあるので，簡単に吟味できます。単語帳は小さいので，ポケットに入れて容易にメモできます。俳句をつくる時には，この「季節の言葉集めカード」のリングを外し，並べ替えたり，グループ分けをしたりします。友達と見せ合い，自分の言葉を広げられます。手軽に言葉をため，吟味できます。

②環境を設定する

　短歌や俳句をつくる際には，情景を思い浮かべます。また，他の人がつくった短歌や俳句を詠む時にも情景を思い浮かべます。つまり，短歌や俳句をつくる際には，情景を思い浮かべやすい環境をつくることが大切です。例えば，校庭を歩きながら，つくりたい場所で，落ち着いてつくらせます。また，校外学習で日常とは違う場所に行った時にも，時間をとって俳句や短歌をつくります。どうしてもできない時には，黒板に写真を貼ったり，ＣＤを流して雰囲気をつくったりします。子どもがその情景に入り込んで短歌や俳句をつくれるように工夫するとよりよい作品ができます。

③終末を工夫する

　短歌や俳句の作品を教室に掲示することが多いと思います。子どもが友達の作品を自由に見ることができ，効果があります。しかし，作品をつくったら毎回掲示するだけでは，子どもは飽きてしまいます。例えば，「筆ペン」「フェルトペン」などの筆記具を替えると，雰囲気が変わります。また，付箋を使って友達の作品のよいところを見つけて全員で共有したり，句会をしてクラスでどれが一番情景を思い浮かべることができたかを考えたりすることもできます。自分が１年間つくってきた短歌や俳句を次年度の絵や写真のないカレンダーに書き込み，各家庭で掛ければ身近に感じられます。子どもが飽きないように工夫し，言葉を広げ深めながら親しませるとよいでしょう。

（渡邉　知慶）

言語文化の指導

古文や漢文の指導スキル

POINT
❶声に出して読むことで響きやリズムに親しませる
❷昔の人のものの見方や感じ方を知らせる
❸古典の世界を味わえるワークを使わせる

①声に出して読むことで響きやリズムに親しませる

　子どもにとって古文や漢文，近代以降の文語調の文章は，何となく難しそうで，わからなそうというイメージがあるかもしれません。しかし，声に出して読むことで，だんだんと文章に備わっているリズムや美しい語調を感覚的に捉えられるようになります。授業でたくさんの文章を扱い，子どもにじっくりと味わわせましょう。

　声に出して読む方法は，音読，朗読，群読，暗唱など様々あります。一人，ペア，トリオ，グループ，全体など，交流形態も考慮し，子どもが飽きずに声に出して読めるように工夫しましょう。読むことだけでなく，聞くことも大切にします。友達の読み方を聞いて素敵なところを感じ取ったり，情景を思い浮かべて想像が広がったりします。また，教師が一方的に教えるのではなく，子どもの発見や気付きを取り上げます。クラス全体で共有し，楽しく声に出して読み，学べるようにしましょう。

②昔の人のものの見方や感じ方を知らせる

　現在を生きる子どもには，昔の人々の生活や文化，世の中の様子などにつ

いて，理解できないことが多いと思います。作品の内容がわからないと，子どもが想像して読むことができません。古文や漢文，文語調の文章を読む前に，背景について確認し，特に難しいところは教師が解説しましょう。現代語で易しく書き換えられたものを提示し，文章の内容の理解を図ります。解説したものから作品の内容の大体を捉えたり，現在との違いを比べたりします。すると，古典への興味・関心を深められ，昔の人のものの見方や感じ方を知る助けとなります。

授業外の活動として，能や歌舞伎，落語の鑑賞や地域に伝わるお祭りなどを調べることを通して言語文化への興味・関心を深めることも有効です。行事と絡めて，学校全体で取り組んでいきましょう。

③古典の世界を味わえるワークを使わせる

古典の世界をじっくりと味わえる教科書単元は多くありません。古文や漢文，近代以降の文語調の文章が，今でも高い価値をもち，たくさんの人に親しまれています。それらの文章にたくさん触れることが大切です。市販されているワーク集には，様々な価値の高い文章が載っているものがあります。そこで，ワーク集を用意し，1年間を通じて計画的に取り組むとよいでしょう。特に，著名な歌人やリズムを体感しやすい歌を取り扱うと子どもが意欲的に取り組むでしょう。

指導時間は，大きく二つあります。

一つ目は，毎週1回，1時間の授業の中でいくつかの文章を読む方法です。

二つ目は，週に数回，授業内の15分程度で一つの文章を読む方法です。

子どもや学校の状況に応じて，指導時間を工夫し，ワーク集を活用して古典の世界を味わい，言語文化を身に付けられるようにしましょう。

（渡邉　知慶）

言語文化の指導

硬筆書写の指導スキル

> **POINT**
> ❶硬筆書写の目標を明らかにする
> ❷授業の最初に試し書きをさせてみる
> ❸自己評価をして，よいところを見つける

①硬筆書写の目標を明らかにする

　まず大事なのは，「なぜ硬筆書写の学習を行うのか」「硬筆書写の学習を行うことでどのような力を付けたいのか」などの目標を教師自身が明らかにすることです。また，教師自身が一方的に目的を伝えるのではなく，子どもに考えさせ，硬筆書写を学習する意欲を喚起させます。

　子どもの意欲を喚起させるための手立てを二つ挙げます。

　一つ目は，相手意識をもたせることです。他学年の子どもに向けて招待状やお礼状を書く時に硬筆書写の学習を行います。相手がいることで，「きちんと読める字で書こう」「丁寧な字で気持ちを伝えたい」という意識をもちます。招待状やお礼状をもらった側と書いた側で交流する時間を設けると，より効果的です。感想や思いを伝え合うことで双方にとってプラスになります。

　二つ目は，他者に自分の作品を見てもらったり，自分が他者の作品を見たりする状況を設定することです。学校全体で意欲を高めるために，全学級で硬筆作品を掲示して，見合うことも有効です。特に大事なことは，他学年の子どもの作品から自分で見て学ぶことです。全学年の作品が掲示してあるこ

とで,「来年までに上級生のようにきれいな字を書けるようにするぞ」「下級生のお手本となる字を書くぞ」という意欲をもちます。意欲が高くなるにつれ,学習効果も高まります。まず,子どもが学習する意欲を喚起させましょう。

②授業の最初に試し書きをさせてみる

　硬筆書写の場合でも,授業の最初に「試し書き」をさせることです。実際に書くことで,難しいところや注意して書いた方がよいところを実感できます。また,「試し書き」と活動中に書いた作品を比べることで,自分の向上的変容が実感できます。教師側から観点を出すばかりでなく,子どもに実感をもたせてから指導した方がよい時もあります。

③自己評価をして,よいところを見つける

　30～40人ほどの学級で,その場ですぐに個別で全員に指導するのは難しいことです。そこで,子ども自身で自分の字を評価します。もちろん,「上手に書けた」「読みにくい字になった」という評価ではなく,全員共通の観点に沿った自己評価を行います。

　授業の初めに五つの観点を確認し,子どもがいつでも見て,意識できるようにしておきます。全体指導を5分以内で行い,子どもの書きたい意欲をそがないようにできるだけ早く活動に入れるようにしましょう。五つの観点は,①姿勢・持ち方　②書き順　③字の形と大きさ　④配置　⑤速さ　です。

　書き終わったところで,観点に沿った自己評価を行います。その自己評価をノートやワークシートに書き留めさせ,今後に生かします。また,自己評価だけでなく,ペアやグループで,付箋を使った他者評価も有効です。友達からよいところを見つけてもらい,自分の書字のよさを可視化できます。同時に,友達のよいところを見つける中で,自分の書字に生かせるところも発見できます。

（渡邉　知慶）

言語文化の指導

毛筆書写の指導スキル

POINT
1. 毛筆書写の目的を意識させる
2. 授業をパターン化する
3. 普段とは違う視点から見る

①毛筆書写の目的を意識させる

　中学年では，「毛筆を使用して点画の書き方への理解を深め，筆圧などに注意して書くこと」です。高学年では，「毛筆を使用して，穂先の動きと点画のつながりを意識して書くこと」です。これらの指導を通して，日常生活や学習活動に生かすことが求められます。つまり，毛筆の技術向上が大事なのではなく，毛筆を使用し，筆圧や穂先の動きや点画のつながりを意識することが目的なのです。

　毛筆の学習では，毛筆作品を仕上げて終わるのでは不十分です。最後に必ず硬筆に戻って，毛筆の学習を通して学んだ事項が意識できているかを確認します。子どもに毛筆の学習の目的を問い，「今回の学習で学んだことを普段の生活に生かす」という意識をもたせましょう。

②授業をパターン化する

　毛筆書写の学習は，パターン化すると授業の流れが円滑に進み，活動の時間が多く取れます。一つのパターンを紹介します。皆さんの指導法や子どもの実態に応じて変えてください。

①準備　②筆順確認　③試し書き　④自己評価　⑤自己めあて
⑥指導事項板書　⑦活動　⑧振り返り　⑨硬筆　⑩片付け

　これらを2時間の授業で行います。全ての段階で時間をかけることはできないので，軽重をつけて指導します。教師が指導事項を提示するだけでなく，子どもが気付くように手立てをもっておきましょう。例えば，指導したいことと反対の書き方をした手本を提示し，強調させる方法があります。

　国語の読むことの授業では，普段から日本語を使って生活しているので，授業前と授業後の変化が感じにくいことがあります。しかし，毛筆書写の学習では，子ども自身が向上的変容を実感しやすいのです。試し書きと最後に書いた作品を比べると，明らかな変化が見られるはずです。教師は，机間指導の際に，自己めあてを意識させるように指導します。もちろん，試し書きと最後に書いた作品だけでなく，途中で書いた作品についても詳しく見て，過程を大切にする意識が大切です。

　もう一つ大事なことは，毛筆だけを使うのではなく，自己めあてを書く時や最後に硬筆作品を書く時に鉛筆も使うことが大事です。毛筆と硬筆のバランスを考え，授業を構想しましょう。

③普段とは違う視点から見る

　毛筆書写の学習では，普段とは違った視点から見ることで，日本の豊かさを感じる時間にもなります。

　「じっくりと字と向き合う」「字のバランスを感じる」「字の美しさを感じる」「集中して筆を使う」「落ち着いた静かな環境で，思考を生み出す」「墨をすって香りをかぎ落ち着く」など。心を落ち着けてから，学習を行うとより効果的です。毛筆の技術だけでなく，五感を通した毛筆書写を生かした指導も取り入れてみましょう。

（渡邉　知慶）

言語文化の指導

読書の指導スキル

POINT
❶好奇心をかき立てる読書環境をつくる
❷本をすぐに手に取れる環境づくりをする
❸効果抜群！友達からの紹介を活用する

①好奇心をかき立てる読書環境をつくる

子どもの感性を豊かにしたり知的好奇心を高めたりできるような本を選び，読書の幅を広げる機会を与えることが大切です。子どもが何に興味を示すのかは一人ひとり異なりますが，発達段階や学習内容に合わせた本を選び，読み聞かせをしたり紹介したりして，「読書の『旬』」をつくります。

例えば，低学年の場合だと，乳歯が抜け始める時期であり，新しい歯に生え変わることに大きな喜びを感じています。子どもの歯が抜けたタイミングに合わせて，歯に関する本の読み聞かせをします。子どもは自分の経験と重ね合わせながら，本の内容を楽しむことができます。普段，読書に親しむことが少ない子どもも，「読んでみようかな」「読んでみたいな」と本を手に取るようになります。誰もが読書を楽しむことができるように，子どもの実態に合わせて，文章量に幅をもたせた本を用意することも大切です。

高学年であれば，歴史の学習に合わせて歴史に関する本を用意したり，自分の生き方を考える機会に合わせて，先哲の考えに触れるような本や様々な分野の仕事に関する本を用意したりすることもできるでしょう。

　季節に合わせて，雨や雲をテーマにした本を紹介したり，芸術的な挿絵を見せたりすることも感性を刺激し，読書への関心を高めることにつながります。

②本をすぐに手に取れる環境づくりをする

　たくさんの本があっても，本棚に入れておくだけでは，自ら本に手を伸ばすことができない子どもがいます。子どもが本に興味をもてるように，表紙を表にして掲示すると効果があります。目的に合わせて本を選ぶことができるように，「詩の本コーナー」「昔話のコーナー」など，テーマごとに本を掲示しておくことも有効です。同じ本を何週間も掲示しておくと子どもの関心は薄れます。子どもの関心事や学習に合わせて掲示する本を変えることが大切です。

③効果抜群！友達からの紹介を活用する

　友達同士で本を紹介し合うと子どもの本への関心がより高まります。学年が上がるにつれて，ブックトーク，ビブリオバトルなど本を紹介する方法の選択肢が増えます。低学年でも，読んだ本の中から好きな場面や面白かったところを伝えると，自分では手に取らなかった本への興味がわきます。互いに本をおすすめし合うと，新しい本に出合うチャンスが生まれるのです。

（大島　静恵）

話すこと・聞くことの指導

話すことの指導スキル

> **POINT**
> ❶モデルを見せて心をつかむ
> ❷相手や目的をはっきりとさせる
> ❸中身と見た目は両輪！

① モデルを見せて心をつかむ

　まずはスピーチのモデルを見せて「すごい！」という子どもたちの歓声を引き出しましょう。すかさず教師は「こんなスピーチをやってみたくなりませんか？」の一言。きっと「やりたい！」という子どもたちの言葉が返ってきます。では，具体的にどんなモデルがいいのでしょうか。下記のものを参考にクラスの実態に合わせて実践してみてください。

(1) 上級生・卒業生に来てもらってスピーチの実演

　身近な上級生は憧れの存在です。上級生の担任の教師と相談しながら，こちらの意図を伝え，モデルとなるスピーチを実演してもらいましょう。

(2) 意図的に選んだ映像資料

　教育書に付いてくる映像資料は，まさにお手本です。ぜひ活用したいですね。テレビやインターネットなどから著名人の映像を選ぶという方法もありますが，著作権なども考慮し教育的効果を考え，慎重に選ぶ必要があります。

(3) 教師自身がモデルとなる

　体育で教師が跳び箱をかっこよく跳べば，子どもから歓声が上がるでしょう。同じように，教師がスピーチを見せることができたら，子どもたちの意

欲を高めることに加えて、より教師のことを好きになってくれるはずです。

②相手や目的をはっきりとさせる

①とセットで考えたいことが、スピーチの相手や目的です。誰に何のために伝えるのかが明確であれば、子どもたちの意欲を保つことができます。例えば、「家族に学校でのとっておきの出来事をスピーチして、ビックリさせよう」や「3年生にクラブのよさをスピーチして、来年たくさん入ってもらおう」といったことが挙げられます。相手や目的を明確にした後に、モデルを見せてもいいかもしれませんね。

③中身と見た目は両輪！

ついつい中身（スピーチ原稿）を仕上げてから見た目（表現）を工夫しようと考えがちですが、この二つは両輪です。セットで考え、行ったり来たりしながらスピーチは仕上がっていくものです。

T 「相手を引きつけるスピーチの『はじめ』を考えよう。どんな言葉で始めたらいいかな」（戸惑っている子には①や②を活用してください）

C 「突然ですが、みなさんは○○を知っていますか」

〜書き終えたら〜

T 「相手を引きつけるように隣の人に話してみよう。聞く人はひきつけられたかどうかと、その理由も伝えよう」

C 「もっと声が大きい方がいいよ」「ゆっくり話し始めたからひきつけられたよ」「クイズみたいだったからひきつけられたよ」

T 「どんな感想をもらったかな。みんなで確認しよう」「隣の人の感想やみんなの発表を生かして『はじめ』をパワーアップさせてごらん」

そして、教師がパワーアップしたこと（中身と見た目を区別して）を全体で共有し価値付けることで、子どもたちは自然とこのプロセスを繰り返すようになります。中身と見た目のどちらを褒めているのかを明らかにしながら、どちらも大切であることを伝えてほしいと思います。

（吉野　竜一）

話すこと・聞くことの指導

聞くことの指導スキル

POINT
① 聞くことはどういうことかを考える
② 聞くことの対象を捉える
③ 聞いて考えることに着目する

①聞くことはどういうことかを考える

　学び合う教室にするためには，聞き合う関係は欠かせません。「聞くのあいうえお」が貼ってある教室をよく見かけます。「あいてをみて，いうことば大切に，うなずいて，えがおで，おわりまで」などを示します。これらは聞くことの態度や姿勢に関わるものです。これ自体はとても大切ですが，これだけでは聞くという行為を示すことにはなりません。また，聞く時に「〜についてどう思いますか」などの話型を示すことも同様です。
　そもそも聞くとはどういう行為なのでしょうか。それは耳から音波をキャッチすることだけを示しているのではありません。聞いて考えたり，聞いたことと見たことを重ねたりと，大変複雑な行為です。では，聞くことはどのように指導すればよいのでしょう。

②聞くことの対象を捉える

　まず，聞く指導の際に考えることは，聞くことの対象をどこまで捉えるかということです。通常は音声となりますが，日常生活に還る聞く力を指導するのであれば，音声だけはないでしょう。「ネクタイ１本で人の聞き方が変

わる」のであれば，それは視覚的な情報も聞く対象に入るということです。つまり，聞く行為について考える対象を，その人の様子，その場面や状況，その話した内容への興味・関心，その表現された言葉自体などに広げていく必要があります。対象を広げていけば，音声的には表現されない沈黙すらも聞く対象と考えることができるでしょう。もちろん一つ一つの意識が切り離されているわけではありませんので，一つずつ指導することは難しいでしょう。ただ，子どもに指導を通して複合的な意識を知覚化することは可能です。

③聞いて考えることに着目する

　次に，聞いて考えることに着目することです。聞いて考えるためには，まず考える言葉が必要です。「もしかしたら……ということかな」「つまり……ということかな」「逆に考えれば……といえるな」「仮に……としたら，〜はどうなるだろう」「〜からみると，……ということがいえるかもしれない」など，物事を捉える際に考える切り口となる言葉を子どもに指導する必要があります。これらは，思考ツールなどのワークシートを活用しながら指導することができます。ただ，これはあくまで方法知ですので，いずれこの聞き方は「守破離」の過程を通して，自分で聞いて考える力を育てていく必要があります。

　ある程度，子どもに聞くことの指導をしたならば，子どもに「聞くとはどういう行為であるのか」聞いてみるとよいでしょう。日常的に行っている行為をメタ的に捉えることで，聞く行為の有効性を発見できるかもしれません。そういった聞く行為が学級の文化となって育っていった先に，互いを尊重し合いながら学び合っていく関係性ができあがっていくのでしょう。聞くことの指導の先に，相手を受け入れる他者尊重の思いと，自分の考えをしっかりともつ揺るがない核となる自分を併せもつ子どもの姿がきっと見えてくることでしょう。

（清水　良）

話すこと・聞くことの指導

話し合いの指導スキル（ペア，グループ）

POINT
❶話題は一つ！考えは多様！
❷何のための話し合いなのか，目的を明確にする
❸「何人で・どこで」の使い分けをする

①話題は一つ！考えは多様！

　話し合いが盛り上がる前提として，話題がある程度限定されていることと，子どもたちそれぞれが異なった考えをもっていることが挙げられます。「物語について話し合いましょう」では何について話せばいいのかわかりません。「物語の中で，一番好きなところについて話し合いましょう」のように限定する必要があります。また，スムーズに話し合いを始められるように，自分の考えを書く時間を設けておきましょう。この時「自分が好きだと思った気持ちを大切にしてね」「自分だけの好きを見つけよう」といった言葉をかけると，クラスの中に多様な考えが生まれますね。机間指導を行いながら「それは先生も思いつかなかった」「〇〇さんならではの考えだね」と教師がスピーカーになって，周囲の子に聞こえるように称賛することも効果的です。

②何のための話し合いなのか，目的を明確にする

　教師は意図的に話し合いを設定しているはずですね。ならばその意図を話し合いの目的として子どもたちに伝えましょう。目的は大きく二つに分類できると考えています。

〈広げるため〉
「友達の考えを自分の考えに付け足すために話し合おう」
「主人公が喜んでいることがわかる叙述を複数見つけるために話し合おう」
〈絞るため〉
「友達の考えを聞いて,自分の考えをよりよくするために話し合おう」
「みんなの考えを一つにまとめるために話し合おう」

　例えば上記のような目的を伝えるとよいでしょう。ただし「広げる」ことと「絞る」ことは関わり合いながら行われることもあるので,子どもの活動がどちらかに限定されていなくても問題ありません。

③「何人で・どこで」の使い分けをする

　ペアで話し合うメリットは,時間がかからないこと,話す・聞くという活動が確実に行われることなどが考えられます。デメリットは考えの多様性が限定される可能性があることです。3人,4人……と人数が増えると,ペアよりも時間が延びるものの,考えはより多様になるでしょう。しかし,人数が増えるほど,1人あたりの発言量は減っていきます。

　どこで話し合うのかも重要です。例えば3人で話し合う際に,メモを取りながら話し合うならば,3人の机をつけた方がよいでしょう。とにかく話し合う量を大切にしたいなら,机は距離を生むだけですので,椅子だけで3人が向き合うと効果的です。1人が記録をするなら,その1人の机の周りに2人が椅子を持ってくるという方法もあります。「何人で・どこで」の組み合わせは無数にあります。教師の意図によって使い分けることが重要ですね。

　こうした活動を経験していくと,子どもたちは自然と友達に話しかけるようになっていきます。その時こそチャンスです。この本を読んだ教師には,その話し合いを注意するのではなく,柔軟に受け止められる教師になってほしいと思います。大切なことは「話し合いの型」や「話し合いの時間」ではなく,「話し合いたい」という気持ちから自然に生まれる話し合いなのです。

（吉野　竜一）

話すこと・聞くことの指導

話し合いの指導スキル（クラス全体，討論）

POINT
❶ 役割分担，時間配分の経験をさせる
❷ 自分の考えをもって参加させる
❸ 広げるのか，絞るのか意図を明確にする

① 役割分担，時間配分の経験をさせる

　ここでは教師が意図的に行うクラス全体での話し合いについて述べます。自然に生まれる話し合いとの決定的な違いは，教師の意図した活動を全ての子どもに必ず経験させてあげられるという点です。その一つが役割分担です。クラス全体で話し合うとなれば，司会，記録（ノート，黒板，ホワイトボード，映像など）といった役割が必要になります。この役割を経験させる際には，司会の台本や記録のモデルなどの準備が大切です。この活動を通して付けたい力を台本から学べるようにするということですね。討論会ならば，肯定，否定，聞き手の三つの役割を経験させたり，主張，質疑，反駁といった役割も経験させたりすることが可能です。また，時間配分に気を付けながら話し合いを進めるということも経験させたいことの一つです。「○分までに二つに絞ります」「○時まで隣の人と考えを広げてください」といった進め方をできるようにしたいですね。

② 自分の考えをもって参加させる

　全体で話し合うということは，ペアやグループに比べて発言がしにくくな

るということです。ですから，自分の考えをもった上で活動に臨むことが重要です。ワークシートなどを活用し，「話題，自分の考え，そう考えた理由」などを事前に書かせておくとよいでしょう。教師が丸を付けたり「いいね」を付けたりすれば，子どもたちは，さらに自信をもって話し合いに参加することができます。時間に余裕があれば，全員の考えをコピーし，司会の子どもに渡しておくことで，話し合いが停滞した時の指名に役立ちます。より主体的に話し合いを進めることができますね。

③広げるのか，絞るのか意図を明確にする

　クラス全体で話し合う時，考えを広げるのか，絞るのかを明確にする必要があります。例えば，討論会は，相手を言い負かすことが目的ではなく，立場の異なる友達の意見に触れて，自分の考えを広げたり絞ったりするために行うものです。私は，最初に意図を子どもたちに伝えてから始めるようにしています。

　「今日の討論会のゴールは，SNS肯定派と否定派の両方の考えを聞き，両方のよさを捉えながら，自分の考えを広げることです」

　「今日の討論会のゴールは，SNS肯定派と否定派の両方の考えを聞き，それぞれを比べながら，自分の考えを絞ることです」

　討論ではない話し合いをする際も同様です。

　「この話し合いによって，考えを三つに絞ります」

　さらに，「広げる」「絞る」「質問」「近くの人と相談」といった掲示物を活用することで，子どもたちが迷わずに活動できるようになります。教師にとっての意図，子どもたちにとってのゴールを明確にすることは，どの授業においても大切なことといえますね。

　30人で話し合うということは，29人が聞いている時間があるということです。ですから，意図を明確にすることで聞き手の意識を高めることが重要なのです。高い意識をもった聞き手からコメントをもらうことで，話し手の意識も高まり，双方の成長につながっていくのです。

　　　　　　　　　　　　　　　　　　　　　　　　　　（吉野　竜一）

話すこと・聞くことの指導

インタビューの指導スキル

> **POINT**
> ❶インタビューの意図を明確にする
> ❷目的，相手，それに合った役割を決める
> ❸フローチャートを活用する

①インタビューの意図を明確にする

　インタビューをする意図を教師が明確にしていることが大前提です。インタビューそのものをできるようにするという意図なのか，何かを伝えるための情報収集の手段という意図なのか。このように教師は答えをもっていないといけません。子どもにとっては同じ活動ですが，教師の中では意図を明確にし，指導や評価がブレないようにしてほしいと思います。

②目的，相手，それに合った役割を決める

　インタビューに行く前に，まず目的を決めます。例えば，A「学校紹介新聞を書こう」，B「ヒーローインタビューのポイントをまとめよう」，C「〇組が運動会で優勝した秘密を探ろう」といった子どもにとっての目的を設定します。次に相手を考えます。A「校長先生，給食調理員さん，学校に一番長くいる先生，6年生」など，学校の何かに詳しそうな人を考えることでしょう。Bならば「絵のコンクールで金賞をとった〇〇さん，なわとび大会で新記録を出した□□さん」，Cなら「〇組の先生や子ども，〇組の隣のクラスの人」などが考えられます。そして，これらに合った役割を決めると，子

どもはきっとのってきます。AやBは「インタビュアー2名（1名はメモ），カメラさん，照明さん」といった取材班になりきって行うことができます。もちろん役割は交代しながら行います。Cは「探偵」になりきって聞き込みのようなインタビューができるかもしれません。「インタビューする人，メモを取る人」とすれば簡単ですが，子どもが入り込める役割の方が，きっと楽しいはずですね。

③フローチャートを活用する

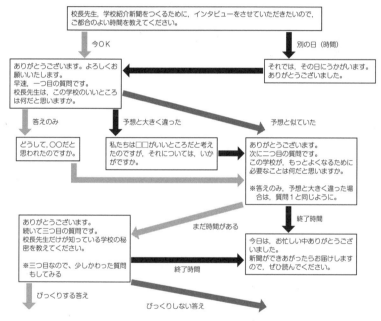

スピーチとは異なり，インタビューは相手を受け入れ，その場のかけ合いで成立するものです。上記のようなモデルを示し，子ども自身が事前にインタビューの内容を考えながらフローチャートを作成できるようにすることで，相手を待たせることなく，スムーズに進めることができるはずです。アドリブっぽく見えるようになったらすばらしいインタビューといえると思います。

（吉野　竜一）

話すこと・聞くことの指導

話すこと・聞くことの評価スキル

POINT
❶絞って評価する
❷記録で評価する
❸分けて評価する

①絞って評価する

　その時間，その単元で何を評価するのか，絞っておくことが大切です。例えば，表現に関わる観点は「声の大きさ」「話す速さ」「言葉の抑揚」「間の取り方」などが考えられます。学年によって異なりますが，目標，指導と評価は一体化しているはずですから，絞ることはそれほど難しいことではありません。経験を積んでいくと，絞った観点を軸に評価しながら，個に応じた観点で評価できるようになっていきます。まずは，全ての子どものいいところを見つけるつもりで，観点を絞って評価してください。

②記録で評価する

　「話すこと・聞くこと」の授業では，「書くこと」の授業とは異なり，学習の記録が残らない可能性があります。そうならないよう，記録が残るように授業を進めることも必要です。

　まず，「話すこと」「話し合うこと」の内容の検討や構成の検討，考えの形成に関わることや「聞くこと」に関わることについては，ノートに書いてある内容が記録として評価できるはずです。「相手に伝わるように，具体例を

挙げて原稿を書いているかどうか」「事実と自分が考えたことが区別されて書かれているかどうか」「話し手の伝えたいことをメモできているか」など，子どもが書いた言葉によって評価することが可能です。もちろん，こう書けるようにするための指導を行っていることが前提です。次に「表現」に関わることを評価するために，映像記録を活用します。子どもがペアになり，お互いのスピーチをタブレットに記録するといった活動をよく見かけますが，その映像を教師も評価資料として活用するということです。声の大きさや言葉の抑揚などは，映像を見直して評価する方法が確実な方法といえますね。

③分けて評価する

しかし，映像を記録する機器が十分に確保されているとは限りません。また，その機器を準備する手間や後で見直す手間を考えると，かなりの時間を使うことが予想されます。そこで，日々の授業の中で評価できるように，分けて評価する方法も紹介します。

まずは，時間を分ける方法です。30人の子どもが順番にスピーチをした場合，1単位時間の中では終わらない可能性があります。そこで，いくつかのグループに分けて，何時間かに分けてスピーチを行います。教師が落ち着いて評価できたり，発表後に交流を設けることで，よさの共有の時間を確保できたりするというメリットがあります。

次に，場所を分ける方法です。右の図のように，四つのグループに分かれて発表を行います。4人が同時に話すので，1単位時間の中で全ての子どもを評価することができるというメリットがあります。どんな方法で評価をするとしても，子どものよさを捉え，次に生かしていくということを忘れずに行ってください。評価は子どもを伸ばすためにあるのです。

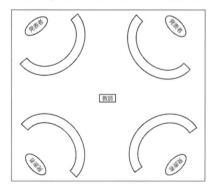

（吉野　竜一）

書くことの指導

書きたいことを探す，決める指導スキル

POINT
❶ 子どもが「書きたい」と思う，気持ちを醸成する
❷「書きたい」＝「伝えたい」と思えるテーマに絞る
❸ 友達と協同でテーマを設定する

①子どもが「書きたい」と思う，気持ちを醸成する

T　これから「書くこと」の学習を始めるよ。
C　えぇー，さくぶーん。

　このようなやりとりがいろいろな教室で行われていることが予想されます。私の担任するクラスでも以前はそうでした。
　しかし，最近では，このような子どもの嫌がる声を聞かなくなりました。それは，教師の最初の投げかけに秘密があるように思います。私は，このような言い方をしています。

T　みんな，移動教室どうだった？
C１　楽しかった。　C２　磯採集でたくさんの貝が採れてよかった。
T　その移動教室の思い出，どうする？
C３　書いて残したい。　C４　ペアの３年生に伝えてあげたい。

　私は「どうする？」という言葉を授業中によく使います。教材研究の段階で，私としては「思い出作文を書かせる」「新聞にまとめさせる」などと活動の見通しをもっていますが，それをこちらから提示するのではなく，まずは子どもに活動を決定する権限を与え，子どもの思いを引き出します。

T　C3くんは，何に書いて残したいの？　C4さんは，どのような方法で3年生に伝えたいの？

このように，徐々に子どもの思いを引き出して活動方法を決定し，学習の見通しをもたせるようにします。

子どもの実態によっては，教師の「どうする？」に上手に反応できない子がいるかもしれません。その場合は，学習履歴を思い出させたり，教師から選択肢を示したりして，あくまで子どもの「書きたい」を引き出すようにします。

②「書きたい」＝「伝えたい」と思えるテーマに絞る

たくさん書きたいことがある子どもに対しての手立てとして，ノートや付箋紙等に，まずは書かせてみます。移動教室についてであれば，「移動中のバスの車内のこと」「1日目のこと」「磯採集のこと」「ハイキングのこと」等たくさんあると思います。その一つ一つについて，ざっと3～4行くらいで書かせてみます。

書いてみると，3～4行で完結してしまうようなテーマもあれば，「行が足りなさすぎる！」と子どもが嘆いてしまうようなテーマもあるでしょう。それこそが，子どもの「伝えたい」があふれる，書くに値するよいテーマなのです。

③友達と協同でテーマを設定する

②とは逆に，「書くことがない！」と嘆く子どももいます。実はそんなはずはないのですが，いざ書くとなると，頭の中が混乱してしまい，テーマを設定することが難しくなってしまうのです。

そのような時は，同じ経験をしている子と話してみたり，教師がいろいろ引き出すような会話をその子としてみたりして，たくさん語ることができること，それをテーマとして設定させるようにします。

（土屋　晴裕）

書くことの指導

構成を考える指導スキル

POINT
❶ 基本形を早い段階で習得させる
❷ 構成の整った文章に触れる機会を多くもつ
❸ 必ずしも「構成」→「記述」ではないことを認識する

① 基本形を早い段階で習得させる

　文章を書く上での基本的な構成といえば，「始め－中－終わり」といってよいでしょう。「始め」には，その文章のテーマや問いを書き，「中」ではテーマの説明や具体例を詳しく書くようにします。そして，「終わり」でまとめたり結論を述べたりします。この基本の形を習得しておくと，「書きたいことは決まったけれど，どうやって書いたらいいかわからない」という子どもは減ります。「『始め－中－終わり』で書けばいいんだよ」という一言で「あぁ」とどんどん子どもたちは構成をワークシート等に書き始めます。
　基本ができていてこその応用です。学年が上がるにしたがって，「頭括型」「尾括型」等，構成を工夫して作文させたいと思うのですが，基本形ができている子は，その基本を発展させて工夫することができます。しかし，基本形がおぼつかなければ工夫も何もできません。ぜひ，早い段階で基本形をしっかり身に付けさせましょう。

② 構成の整った文章に触れる機会を多くもつ

　ただ書けばいいのではなく，構成が整っていることの意義を感じさせる指

導が必要だと思います。どんな学習でもそうだと思いますが，子どもが心から納得していれば，難しい課題や複雑な問題にも必死で解決しようと頑張ります。

　そのための手立てとして，やはりうまくいっている（成功している）ものを見せることが有効だと考えます。「こうやって書けばいいんだ！」そう実感できれば，「真似して書いてみよう！」「次に書く時は〇〇さんみたいに頑張って書いてみよう！」と学習意欲の向上につながります。

　同じクラスの子の文章を手本としてみたり，文集などを活用したりするのもいいと思います。

　「書くこと」の学習の流れの一つとして「交流」の段階を大切にしてほしいとも考えます。元来「交流」の段階というと，文章が書き上がってから皆で読み合う活動のことをイメージすると思いますが，「構成」段階でも「どのように書くか」「どのようにまとめるか」といったことについて活発に友達と意見交流して，助言をもらうことも「構成」を考える学習では有効です。

③必ずしも「構成」→「記述」ではないことを認識する

　②でも少し触れましたが，「構成」してから原稿用紙等に文章を「記述」するというのが，「書くこと」の学習の流れでは基本の授業展開です。

　しかし，もう「書きたい！」気持ちがあふれている子にとっては，必ずしも「構成」を整えてから書く必要はないのです。むしろ「『構成』を整えてから……」とやっていると，こういった子は文章が頭の中を流れているので，構成表にまとめようとすると，その脳の活動が阻害され，うまくまとまらず，結果として，書くことへの意欲を失くしていくという悪循環になってしまいます。「構成」を考えるということは，いきなりは書けないから頭の中を整理するために行う活動であるということを念頭に置いて指導したいものです。

（土屋　晴裕）

書くことの指導

書き方を工夫する指導スキル

POINT
❶まずは「真似る」
❷様々なところに学習材を求める
❸学級掲示で共通の財産にする

①まずは「真似る」

 １年生の学習材に「せんせい，あのね」というものがあります。「せんせい，あのね」に続けて，自分の体験や思ったことを書き綴ることで，このように伝えればよいのだという型を身に付けます。

 実は，どの学年でも同様なことは行われるのです。その学年に合った書き方は，子どもから生まれるのではなくて，習得すべきものなのです。

 教育出版の小学校国語教科書では，巻末に付録として「この本で学ぶこと」が掲載されています。４年生の「書くこと」にも多くの事項が載っていますが，例えば「文末表現に『……だ。』『……である。』を使うか，『……です。』『……ます。』を使うか決める」「読みたくなるように題名をくふうしている」「書き出しのくふう。問いかけから始めている」といった内容があり，それらを学習して，効果を実感して使わせてみます。

 各学年で地道にそうした指導が行われると，国語科以外の学習等で自ら使えるようになったり，６年生になった時，あるいは中学生・高校生，大人になってから，自分で工夫して文章を書いたりすることができるようになります。

すなわち，「書くこと」は学習したその時に完璧な文章を書けるようになるというよりは，生涯学習の要素を多分にもっていると考え，長い目で取り組んでいきましょう。

②様々なところに学習材を求める

　「工夫して書くと魅力的な文章になる！」ということを実感して初めて，子どもは工夫するようになります。そのために用いる学習材としては，①級友の書いた作文，②文集等，他の文献が有効です。
　子どもたちと「この文章は読みやすいですか？」ということを考えたり，文章の工夫について学習したりする時間を単元の中で設定するとよいと思います。

③学級掲示で共通の財産にする

　②について，級友の書いた作文を拡大して，子どもたちの意見を板書して掲示しました。そのことによって，常にそこをよりどころにして文章を書こうとする子どもの表れがありました。

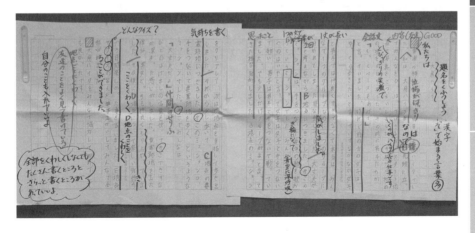

（土屋　晴裕）

書くことの指導

推敲，共有の指導スキル

POINT
❶ 全部書き終わってから「推敲」するのでなく，1時間毎推敲する
❷ 「推敲」と「共有」をセットにする
❸ 「推敲」した後，書き直すか否かは子どもに委ねる

① 全部書き終わってから「推敲」するのでなく，1時間毎推敲する

　全文書き終わってから推敲して，「この文はなくてもいいかな」「このように書き直した方が魅力的な文章になるぞ！」と子どもが判断することも必要な作業です。しかし，全文書き終わってからでは，かなりの分量を読んで判断しなければならなくなります。書くことを苦手としている子にとっては，かなりの苦痛を感じる学習となってしまいます。

　そこで，「記述」の段階で，「推敲」をセットに1時間を構成します。

導入（10分）	準備（原稿用紙配布等），活動の見通し
展開（20分）	記述の時間
まとめ（15分）	活動の振り返り，推敲

　つまり，1時間の授業の振り返りとして，自分の書いた文章を読み返して赤鉛筆で直したいところを書き込むことで，少ない分量で負担も少なく，「推敲」することの意義を感じつつ取り組むことができると考えます。

②「推敲」と「共有」をセットにする

　「『推敲』は個人の学習活動である」と思っている方が多いように思います。書くことは，個人差が生じやすい学習です。「推敲」についても同様で，書くことが苦手な子どもは，「どこを直していいかわからない」という実態だと思います。

　そこで，友達に読んでもらい，「ここをこのように書くといいと思うよ」と指摘してもらうことで気付くことができるでしょう。

　「推敲」と「共有」の学習指導要領の内容を比較すると共通点が見出せます。第３学年及び第４学年の内容で比較します（波線は筆者による）。

○推敲	○共有
間違いを正したり，相手や目的を意識した表現になっているかを確かめたりして，文や文章を整えること。	書こうとしたことが明確になっているかなど，文章に対する感想や意見を伝え合い，自分の文章のよいところを見つけること。

　推敲も「相手を意識した表現」かどうかを見る点も含まれており，「推敲」と「共有」はセットで，相互評価の視点で授業を行えると考えます。その際，付箋紙を用いると色分けもできるため，私はよく行っています。

③「推敲」した後，書き直すか否かは子どもに委ねる

　「推敲」は，「推す」を「敲く」に書き換えるとよりよい文章になるという故事からきている言葉ですが，書き換えるという行為が，書くことを苦手としている子どもにとっては，大変苦痛な作業です。一通り書けたところで満足している子どもは，推敲の後書き換えることを本当は望んでいません。よって書き換える（書き直す）か否かは学習者に委ね，後に作文集にしたい場合等はパソコンで打つことを認めるなどの工夫をするとよいと思います。

（土屋　晴裕）

書くことの指導

日記や手紙を書く指導スキル

> **POINT**
> ❶日記は自分宛てに書く手紙と教える
> ❷お礼の手紙を書かせる
> ❸絵だよりを書かせてみる

①日記は自分宛てに書く手紙と教える

　日々の宿題，もしくは夏休みの宿題として日記を出すことは多いと思います。書くことが得意な子はよいのですが，苦手な子にとっては日記を書こうとしても困ってしまうこともありますね。そもそも書くことが苦手な子は，「書き方がわからない」「書くことがない（思い浮かばない）」ことが原因だと考えられます。

　日記は，自分が「したこと・見たこと・聞いたこと・思ったこと・感じたこと」をありのままに書くことができます。しかし，中には「今日は，校庭でサッカーをしました。楽しかったです」とだけ書く子もいます。その場合は，「誰とサッカーをしたのか・どんなプレーをしたのか・自分はどんな作戦でサッカーをしていたのか・終わった時に思っていたことは」といった声かけをして，内容がより詳しくなるようにアドバイスします。

②お礼の手紙を書かせる

　一口に「手紙」といってもたくさんの種類があります。子どもたちに「手紙といったらどんなものを思い浮かべますか」と問いかけると，年賀状

や暑中見舞いという答えが返ってくるかもしれません。最近では，パソコンソフトを使って手紙を作成することも多くなってきましたが，それでも手書きのよさは，未来に残したい日本の伝統文化であると思います。

さて，国語の授業で手紙の書き方を知り，実際に書いてみることを考えた時，「お礼の手紙」が考えられます。校外学習・林間学校・修学旅行等で，現地の方々にお世話になる機会があります。もちろん，帰りがけにお礼を述べることもしますが，帰ってきてからお礼の手紙を書いて感謝の気持ちを伝えることも，子どもたちに知ってほしいことです。

お礼の手紙には，次の内容を書きます。

・前文（季節の挨拶，自分の現状）
・本文（お世話になったことや学んだことを具体的に書く）
・末文（相手を気遣う言葉）
・日付，自分の名前，相手の名前

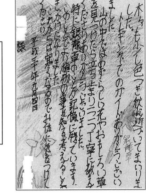

③絵だよりを書かせてみる

絵だよりとは文章と絵によって自分を表現するものです。形式は絵日記と似ていますが，読み手を意識して書くことに違いがあります。教師やお家の方へ宛てて，学習のこと，行事のこと，休日のこと，考えていること等をお便りのように書きます。

自分の考えを言葉で表す習慣が付くこと，また，その子自身の考えや思いを教師が知ることができることが，この絵だよりのよさです。絵日記を発展させた形として，取り入れてみてはいかがでしょうか。

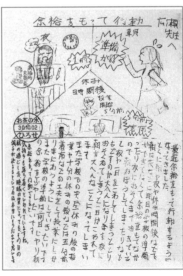

（廣瀬　修也）

書くことの指導

詩や物語を書く指導スキル

> **POINT**
> ❶アクロスティックをつくる
> ❷５Ｗ１Ｈで物語の基本情報を考えさせる
> ❸起承転結で物語をつくってみる

①アクロスティックをつくる

「アクロスティック」とは，それぞれの行の最初の文字をつなげると，ある言葉になる詩のことです。例えば，右の詩だと，各行の最初の文字をつなげて読むと，「あいうえお」となります。自分の名前を頭文字にしてアクロスティックを使った詩づくりは，低学年からでもできます。

> あ りがとう
> い ちばんすきなことば
> う れしくなることば
> え がおで言ってもらえた日に
> お ともだちになれた

どうつくったらいいのかわからない，言葉が浮かんでこないという子がいる場合，まずは詩を読むことから始めるといいでしょう。教科書にも詩が載っていますし，事前に図書室で詩集を見つけておき，授業の中で紹介するのも有効です。詩づくりは，子どもたちが自由に発想を広げられる楽しい時間です。ぜひ，教師も楽しんで子どもと一緒に詩をつくってみましょう。

②５Ｗ１Ｈで物語の基本情報を考えさせる

５Ｗ１Ｈをご存知でしょうか。「When（いつ），Where（どこで），Who（誰が），What（何を），Why（なぜ），How（どのように）」を表したフレ

ーズです。物語をつくるためには，まず，これらの情報を明確にします。そうしないと，支離滅裂な物語になってしまいます。

When（いつ）	過去，現在，未来
Where（どこで）	日本，外国，宇宙，架空の世界　など
Who（誰が）	子ども，大人，動物　など
What（何を）	冒険に行く，何かを成し遂げる　など
How（どのように）	仲間を集める，魔法を使う　など

　作家の宮沢賢治は，「童話の中では，現実にできないことがいくらでもできる」と述べています。子どもたちも想像を広げて，オリジナルの物語づくりを楽しめるといいですね。

　また，物語をつくる一つの方法として，「なりきって書く」というものがあります。例えば，教室の黒板になりきって書くとしたら，「今日の国語の時間は，詩の学習をするようだ。子どもたちが元気に詩を音読する。先生は，まず詩の題名と作者を僕に書いて……」といった具合です。

③ 起承転結で物語をつくってみる

　中国の詩に漢詩というものがあります。この漢詩を組み立てる形式の一つに「起承転結」があります。この名前は聞いたことがあるかもしれません。

　「起」は，物事の始まりです。「承」は，「起」の続きで，話が進んでいきます。「転」で，話が変わり意外な方向に行きます。「結」で，話がまとまります。

　４コマ漫画を国語の授業で取り上げる教師も増えていると聞きます。４コマ漫画は，「起承転結」で構成されていることが多く，子どもたちにとってもわかりやすいからでしょう。

　子どもたちが「起承転結」について学ぶ時には，有名な昔話や４コマ漫画を例にして説明するとよいです。その上で，「今度は自分たちで物語をつくってみよう」と話します。

（廣瀬　修也）

書くことの指導

57 新聞づくりの指導スキル

POINT
❶題材を集める
❷わりつけを考える
❸学習のまとめとして新聞を作成する

①題材を集める

　一般的に，新聞とは記者が取材をしてきた内容をもとにして作成されています。国語の時間に新聞を作成する際も，この題材の収集が新聞のでき栄えに大きく影響します。小学生がつくる新聞の題材にはどのようなものがあるでしょうか。できるだけ，子どもたちにとって身近な題材が相応しいでしょう。

　小学生が書く新聞として，よく見られるものは「行事新聞」です。運動会や林間学校が行われた後に，活動について知らせるための新聞です。このタイプは，新聞作成のスキルを学べるだけでなく，活動報告の役割も果たします。廊下に掲示すれば，保護者や他学年の先生方にも，学年の様子をお伝えすることができます。総合的な学習の時間での活動内容をまとめる新聞を作成することで，国語と総合の横断的な授業を構成することも可能です。

②わりつけを考える

　題材が集まったら，新聞のわりつけを考えます。「わりつけ」とは，文章や絵や図を含めた記事の大きさやどのように配置するかを決めることです。

「わりつけ」には決まった形式はありませんが，右のようなレイアウトが一般的といわれます。

　右上に新聞の名前や発行日や発行者名を書きます。何の記事が書かれているのかがすぐにわかるように，見出しを大きく書きます。また，読み手が内容をイメージしやすいように，写真などを工夫して入れます。この例は，3段に分けて作成していますが，必ずしもこの形式にこだわる必要はありません。2段でもいいですし，子どもが自分で枠をつくることも考えられます。新聞作成用の用紙を，

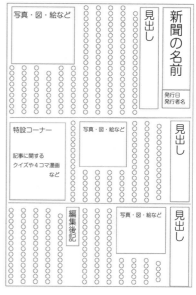

何パターンか用意しておき，子どもたちが選べる工夫もするといいでしょう。

③学習のまとめとして新聞を作成する

　各教科の学習をまとめとして新聞を作成することもあります。「ごんぎつね」新聞（国語），歴史上の人物新聞（社会）等が考えられます。ただし，新聞作成は時間を要するので，どの単元で新聞としてまとめるかは考えねばなりません。

　右の例は，4年生が「ごんぎつね」を学んだ後に，学習についてまとめた新聞の一部です。レイアウトやタイトル等を自分なりに工夫して，学びを振り返っています。

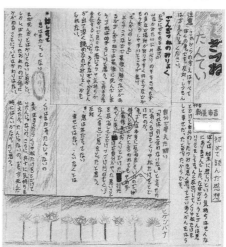

（廣瀬　修也）

書くことの指導

説明，報告，意見を書く指導スキル

POINT
❶構成について考え，説明文を書く
❷目的や情報を明確にして，報告文を書く
❸事実と根拠を明確にして，意見文を書く

①構成について考え，説明文を書く

　説明文を書くためには，まずその説明することについてよく知っていなければなりません。何について説明するのか，その題材を決めるところから子どもたちと考えるのもいいでしょう。「図工でつくったおもちゃのつくり方の説明文」「理科で実験をする時に役立つ説明文」等，他の教科と関連付けた説明文を書くと，より子どもの学びも深まっていきます。

　自分が説明したいことを，まずカードや付箋に書いて，どういう順番に説明したらわかりやすいのかを考えてから，説明文を書き始めるとよいでしょう。説明文ができあがったら子ども同士で読み合って，アドバイスをし合う活動も考えられます。

②目的や情報を明確にして，報告文を書く

　書く活動では，どういった手順で書くかが大切です。報告文を書く時は，次のような手順で進めるとよいでしょう。

①相手や目的を学級全体で確認する
　その報告文を誰に，何のために書くのか。

②必要な情報を集める
　報告するための情報を集める。本で調べたりインタビューしたりする。
③集めた情報のどれを使うかを選ぶ
　情報を全て使うわけではなく，報告文にするために必要なものを選ぶ。
④報告文の構成を考え，書き始める
　使う情報をどのように構成すれば相手に伝わりやすいかを考える。
⑤完成した報告文を推敲する
　学級内で読み合う活動等を取り入れ，誤字脱字はないか・入れた方がよい情報はないかを教え合う。

❸事実と根拠を明確にして，意見文を書く

意見を表現するには，事実と根拠がもとになっている必要があります。

意見文の構成は次のようにするのが一般的です。

問題提起：その意見文におけるテーマを示す。
自分の意見を提示：テーマについて，書き手がどのような意見なのかを示す。
意見の根拠を提示：自分の意見を支える根拠を示す。根拠は，自分が調べた情報等を用いる。
結論：文章のまとめと，自分の意見を述べる。

以下は，「なぜ国語を学ぶのか」というテーマの意見文です。

　なぜ、国語を学ぶのだろうか。小学校では、ほぼ毎日国語の授業がある。僕は、国語は豊かに生きるための言葉を学ぶためだ、と考えている。

　ふだん、だれかとコミュニケーションをとる時、人は自然と国語を使っている。学校で友達と話す時、先生と話す時、それから、家で家族と話す時にも、その手段として国語がある。書く時だってそうだ。ノートを書く時、日記を書く時、年賀状を書く時も国語が必要なのだ。国語を知らなければ、本も新聞も読めない。インターネット上にある情報も国語を知っているからこそ、理解することができる。

　このように、日常生活の様々な場面で国語を活用している。けれど、もしかしたら、国語の時間が無かったとしても、言葉を知ることはできるのではないかという意見がいるかもしれない。そういう意見に対して、僕はこう思う。国語の時間には、これまで知らなかった言葉や、聞いたことはあるけれど、もっと深い意味のある言葉を知ることができる。それも、一人で学んでいる内には気づけなかったことを知ることができるのだ。また、国語の時間には多種多様な活動に取り組むことができる。漢字を習ったら、その漢字を使った短文を紹介したり、物語を読んで疑問に思ったことについてみんなで考えることができる。意見文を書いたら読み合って、お互いに感想を述べ合うことができる。

　言葉を学ぶことを意識して国語を学ぶことができたら、これまでとは違った世界が見えてくるかもしれない。世界が広がっていくことは、人生も豊かにすることができる。

（廣瀬　修也）

書くことの指導

書くことの評価スキル

POINT
❶自己評価を大切にする
❷タイミングを見極めて他者評価を取り入れる
❸教師による評価は大きく二つある

①自己評価を大切にする

　まずは，毎時間の進捗状況を個々に振り返り，次時の学習活動につなげたいと思います。そのために，単元の初めに単元の見通しをきちんともたせるようにし，1時間1時間の活動のめあてもしっかり意識させたいです。授業の終末の10分は，その日の活動を振り返る時間として確実に確保します。書くことに夢中になるあまり，授業時間を忘れて，振り返りがおろそかにならないようにします。

　学習感想を書くとなると，「作文も書いたのに，また書くの!?」と書くことに対して疲弊してしまうため，視点に沿って振り返りを話させてICレコーダーに録音したり，振り返りカードを用いる時は記号で振り返ったりすることができるように，評価方法を工夫するとよいでしょう。

②タイミングを見極めて他者評価を取り入れる

　子どもの中には，自分の書いた文章に自信をもつことができず，他人に見られたくないと隠してしまう子もいます。「自信がもてない」というところから，「構成」段階では「自分の書いた構成表が適切なのか？」，「記述」段

階では「こうやって書いていけばいい文章が書けるのか？」,「推敲」段階では「どこをどう直していいかわからない」と,他者を求めるポイントが必ずあります。そのタイミングで他者評価を取り入れるのです。すると,「Aさんからアドバイスをもらえてよかったです」と他者評価のよさを感じ取り,その子の学習の自信につなげていくことができます。

③教師による評価は大きく二つある

　「書くこと」の学習においては,子どもの「書きたい」という思いを大切にしたいと思います。ですから,子どもの思いに寄り添って,教師の評価もなされるべきです。構成表ができあがったところで当たり前のように赤ペンを入れたり,途中まで書けている作文に「ここをこう書いた方がいいよ」と助言したりすることが,本当にその子の「書きたい（学びたい）」に合っているのかということを十分に吟味する必要があります。

　そこで,私は「書くこと」の学習では,教師による評価として主に二つのことをしています。

　一つ目は,1単位時間の評価については,活動の進捗状況と子どもの自己評価を見て,「主体的に学習に取り組む態度」を評価しています。

　二つ目として,書き上がった文章を通して「知識・技能」を,そして,その文章を読んで「思考力・判断力・表現力等」の評価をします。

　「記述」段階等で,子どもが「先生,ここをどう書いたらいいですか？」と助言を求めることがあります。そういう子どもの表れは座席表等補助簿に記録して,単元の終わりにその課題がクリアできているかどうかを見取ることも大切です。また,「推敲」「共有」段階で,他の子の文章を読んで記述した付箋紙も読み,どのような点を指摘しているのか,またよい点を認めているのかといったことも「思考力・判断力・表現力等」で評価します。

（土屋　晴裕）

読むことの指導

説明文・教材研究スキル

POINT
❶視点を変えて，何度も，何度も，読む
❷広げ，絞る
❸前と後，目の前の子どもたちを意識する

①視点を変えて，何度も，何度も，読む

　読むことの教材研究の王道であり，新しいことではありませんが，視点を変えて繰り返し読むことが大切です。具体的には，①一人の読者として読む，②子どもの立場になって読む，③教師として読む，この３点です。まずは一人の読者として説明文の面白さを感じること。次に，子どもの立場になって読みます。その際，具体的にクラスの何人かになりきって読んでみるとイメージがふくらみ，その後の授業づくりにも生かされます。そして，教師として，授業のねらいを明確にしていくために読んでいきます。

②広げ，絞る

　視点を変えて読むことに加え，まずは広げる教材研究が大切です。その説明文の内容で興味をもったことや，わからないことを詳しく調べます。筆者がどのような人物なのかを調べます。同学年の他社の教科書教材と比較してみます。似たような構造をもつ説明文教材と比べ読みをします。そのように，まずできる限り広げてみるのです。
　そして，その後に大切なのが絞る教材研究です。広げた際に得たものを，

そのまま全て授業に生かそうとすると，情報量が多くなり，授業のねらいも曖昧なものになってしまいます。調べたものを全て使いたいと思うのは人間の性ですが，教師は授業で勝負する以上，無駄を削ぎ落とし，絞っていく教材研究が重要です。広げた中で，何を残し，何を捨てるのかを考えます。残ったものが，授業のねらいの核となるものです。絞る際の留意点については，③で詳しく述べたいと思います。

③前と後，目の前の子どもたちを意識する

　学級担任は，１年間，さらにいえば６年間を見通して国語の単元をつくっていかなければなりません。小学校でどのように説明文の読みの力を積み上げるのか，具体的にイメージできると，今ここの単元でのねらいも明確になってきます。

　算数科を例に挙げて考えてみましょう。かけ算の学習をする際，子どもたちはまず，既習のたし算を活用して答えを求めます。２×３を２＋２＋２と考えるのです。そして，かけ算を学習した後，わり算の学習をする際にはかけ算を活用して学んでいくのです。国語科でも，そのような学びの系統性，連続性があります。

　今までの単元の中で学んだことをどう生かすか，そしてこの単元で付けた力を今後の単元でどう生かすのか，前と後を意識することができれば，今目の前の子どもたちに付けたい力はかなり明確になってきます。それをもとにして，広げたものを絞っていくのです。

　そして，授業の案を立てたなら，できる限り多く子どもの反応を予想したいです。クラスのあの子は，この問いに対してこう答えるだろうな，あの子が戸惑っていたら，こんなふうに机間指導で支援してみよう，指導案を毎回書くことは難しいとしても，子どもの反応だけはメモや板書計画でも書いておくことが望ましいです。予想通りにいったら占めたものだし，いかなくても発見や収穫があります。漫然と準備していたら，いい授業はできません。

（今村　行）

読むことの指導

説明文・段落や構成を考える指導スキル

POINT
1. 筆者になったつもりで、文章を組み立てる
2. 段落相互の関係から捉える
3. 読みの学習を生かせるような振り返りをする

①筆者になったつもりで、文章を組み立てる

　少し手間ではありますが、私は説明文の学習を行う時、下の写真のように、文章全体を印刷して段落ごとに紙を切って、それを並べ替える活動を導入において取り入れています。この学習活動では、正しく並べ替えることも大事ですが、それ以上に、「なぜそのような順にしたのか」「（不正解だった時に）どのようなことに気を付けて考えれば正解を導き出すことができたのか」を考えることが大切です。

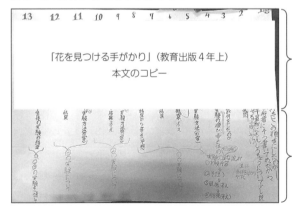

並び替えた教材文

並び替える時に考えたこと

②段落相互の関係から捉える

　光村図書版小学校5年生教科書に「生き物は円柱形」という説明文が掲載されています。この文章は11段落構成で書かれていますが，10段落で文章全体のまとめが書かれているため，一見文章が終わったかのように見えます。しかし11段落が存在するのです。そのことの意義を，ぜひ子どもたちと考えたいものです。すなわち，筆者は，生き物の共通性として「円柱形」を見出しましたが，そのことで満足しているのではなく，多様な物の中から共通性を見出すことの面白さを伝えたいのであります。そこを捉えさせるために「11段落は必要ですか？」と問いかけることで子どもたちの思考が広がり，深まっていきます。

③読みの学習を生かせるような振り返りをする

　②では直接，本文中の段落と段落を比較して思考する方法を紹介しましたが，もっと初歩の段階として「段落とは何か？」「段落はなぜ必要なのか？」を考えるために，本文のある一部分について全文一段落で書いたものを提示して，段落の機能について考える授業が可能です。だらだらと言いたいことを書き連ねるのではなく，内容のまとまりによって改行し段落を設けて書かれた文章は，内容が捉えやすく読みやすいということを実感させます。

　実感を促す指導法としては，やはり「振り返り（学習感想）」が有効です。「段落を設けていない文章と，段落に分けて書かれている文章のどちらが読みやすかったですか？　理由も合わせてまとめよう」と，学級全体で話し合ったことを自分の言葉でまとめさせる「振り返り」を書かせるとよいでしょう。そうした実感を伴った指導ができれば，子どもたちは次に自分が書く文章で「段落」を積極的に取り入れて文章を書いていきます。

（土屋　晴裕）

読むことの指導

説明文・要約したり要点を捉えたりする指導スキル

POINT
- ❶「形式段落→意味段落→文章全体」段階的に指導する
- ❷要約・要点は一日にして成らず

①「形式段落→意味段落→文章全体」段階的に指導する

> 要点：内容の上で落としてはならない重要な個所や事柄。文章全体の内容を，中心となる内容に焦点化したもの[a]。
>
> 要約：文章や話の全体または部分を短くまとめること。全体の見通しをもち，概括すること[b]。

　上記に示した違いを理解した上で，「要点」の指導は低学年のうちから行うことができます。例えば，「たんぽぽのちえ」を読んだ後，「この文章には，どんな知恵が書いてあった？」と子どもたちに問いかけることで学習することができます。

　一方で「要約」は自分で「書き換え（リライト）」[c]の作業を伴います。

　よって，自分の力で見通しをもち，振り返ることもできるようになってくる中学年頃から指導していくことが有効です。

　その際に，いきなり文章の大きなまとまりを捉えるのは難しいと考えます。そのため，文章のまとまりの小さい方から順に，だんだんとレベルアップしていくと，子どもたちの達成感も望めます。

②要約・要点は一日にして成らず

　現行の教科書では，3学期制でいうところの，1学期に1本ずつほど説明的文章が掲載されています。すなわち，学期に1本，年間で3本，説明的な文章での授業が行われ，その中で「構造と内容の把握」「精査・解釈」「考えの形成」「共有」という指導事項を扱っていきます。そうなると，要約は1学期でやって，2学期は考えの形成，3学期は共有としがちなのですが，1学期に要約の学習を行ったらずっとできるようになっているかというと，そんなことはなく，高学年で「要旨」を捉える学習をすると「要約」と混同してしまう子どもが多くいるのが現実です。

　そこで，ぜひ，特に中学年は，説明文では「要約」を常に位置付けるようにし，このような年間計画を立てていくことで，要約力は格段に伸びます。

3年1学期：1000字程度の文章の要約
　　（「構造と内容の把握」に重点）
3年2学期：2000字程度の文章の要約
　　（「精査・解釈」に重点）
3年3学期：自力で要約に挑戦

4年1学期：要約の復習
　　（「共有」に重点）
4年2学期：要約文をもとに「考えの形成」
　　（「考えの形成」に重点）
4年3学期：自分で要約し，考えも形成する。

（土屋　晴裕）

＊a　田近洵一・井上尚美 編著『国語教育指導用語辞典〔第四版〕』2009　教育出版　p.68
＊b　同上　p.84
＊c　同上　p.84

読むことの指導

説明文・読んだことを生かして書く指導スキル

POINT
❶内容理解から考えを形成し意見文を書く
❷構造把握を生かし興味のあるテーマについて説明文を書く

①内容理解から考えを形成し意見文を書く

　説明文とは,「書き手が,ある内容(知識・情報など)を,それについて知りたいと思っている人に,要点を整理して,よくわかるように『説き明かす』文章」のことです[a]。

　その定義から考えれば,子どもたちと説明文の授業を行ったら,「筆者の説明はわかりましたか?」と問うことが大切です。「わかった」「よくわかった」というのであればその理由を,「わからなかった」のであれば,どこまでわかっているか,どの点がわからないのかといったことを分析して,そのことを表現する必要があります。そこまで学習を進めてこそ,説明文を学習したといえるのではないでしょうか。よって,説明文の単元を構想する際には,「筆者の説明はわかりましたか?」という単元を通した発問があり,この問いに答えるために,詳細に読んだり,言語活動を行ったりするようにします。いつも同じ単元構成では子どもたちの学習意欲が減退してきますので,例えば,筆者の説明に対する意見文は単元の中には位置付けず,朝学習等の時間や宿題として取り組むのもよいと思います。

② 構造把握を生かし興味のあるテーマについて説明文を書く

　教育出版4年生の教科書に「花を見つける手がかり」という説明文があります。この学習材で授業を行った時，子どもたちは「モンシロチョウのことはわかったので，他のチョウはどうなのか気になった」「赤・黄・紫・青以外の色ではどうなのか知りたい」「モンシロチョウの目の構造を調べたい」といった感想が多く出ました。説明文としてどうかということよりも，この説明文を読んだことで生まれた新たな課題を解決したい，そういう子どもたちの強い思いが感じられます。

　「説明文の授業だから，自分の気になったことは自分で図書館へ行ったりインターネットで検索したりして調べてみよう」と課外活動にしてしまうことは簡単です。学校の授業では，文章構成を学び，「中」の部分の実験の様子を読み取ったり，「終わり」の筆者の考えについて「筋道を立てて考えるとはどういうことか」考えたりすることで，単元は流れていきます。

　しかし，先程の子どもたちの思いは学校では検討されず，「どうせ学校ではやらないのだから……」と子どもたちの探究の意欲は減退していきます。

　そうなってしまわないように，年間で1単元でよいので，以下のような読み書きを関連させた大単元を組んでみましょう。

（土屋　晴裕）

次	時	学習内容
一次	①②	本文を読み，感想を伝え合おう。学習計画を立てよう。
二次	③ ④⑤⑥	文章構成を捉えよう。 「始め」「中」「終わり」の要点を捉えよう。
三次	⑦⑧	この文章のよさはどこにあるのか考えよう。
四次	⑨〜⑮	自分の興味のあるテーマについて調べ，説明文を書こう。
五次	⑯⑰	書いた文章を読み合い，感想を伝え合おう。 学習全体を振り返ろう。

＊a　田近洵一・井上尚美 編著『国語教育指導用語辞典〔第四版〕』2009　教育出版　p.148

読むことの指導

文学的な文章・教材研究スキル

POINT
❶視点を変えて，何度も，何度も，読む
❷広げ，絞る
❸単元が終わるまで，教材研究は続く

①視点を変えて，何度も，何度も，読む

　これは，「60 説明文・教材研究スキル」でも述べたことですが，三つの視点で繰り返し読むことが文学的文章においても重要です。
　また，特に文学的文章の場合，一読総合法などの指導法を用いることも視野に入れて，全文をPCで文字打ちしデータ化しておくことが好ましいです。そうすれば，自分の扱いやすいところで本文を切って子どもに提示することもできます。また，文章を一文字ずつ文字打ちするということで，その文章の工夫が見えてきたり，リズムがつかめてきたりするというメリットもあります。

②広げ，絞る

　ここも，説明文の時と同じく，広げ，絞る教材研究が重要になってきます。文学的文章の場合，絵本などの原典にあたることが大切です。微妙な書き換えがあったり，教科書には使用されていない挿絵があったりするので，授業のヒントになるものを得られるケースが非常に多いです。英語からの訳書の場合，英語の原典にあたることも有効です。例えば，「ずうっと，ずっ

と大すきだよ」の原典「I'll Always Love You」では，エルフが「She」で書かれており，雌犬だということがわかります。日本語で読んでいると，それはなかなかわかりづらいです。

　また，同じ作者の本を読む，ということも有効です。単元の最後に同じ作者の本を比べ読みする，という言語活動を設定することがありますが，それをまずは教師自身がやってみるということで，よさが実感できます。

　そのようにして広げたものを，しっかりと絞っていかなければなりません。重要な視点は，やはり子どもの姿を想像するということです。

③単元が終わるまで，教材研究は続く

　教材研究は，いつ終わるのか。単元に入る直前には，教材研究は終わりを迎えるのでしょうか。そうではありません。特に文学的文章の場合，初発の感想を書かせてみると，実に様々な感想が飛び出してきます。それぞれ生活経験も，読書経験も違う子たちが読んだ感想は，新たな教材研究の材料になります。子どもと教材の関係性が見えてきたところで，もう一度教材を読み返すことで，その中で，教師自身の読みも更新されていきます。

　教材研究の目的は，授業のねらいを明確にすることだと考えています。もちろん，単元に入る前にねらいは決めているでしょうが，上に述べたように，子どもの読みを把握することで，授業のねらいに微調整を加える必要性が出てくるはずです。その際に，考え方として「Have to」のねらいと，「Hope」のねらいをもつことが有効です。「Have to」のねらいは，全ての子どもに達成させたいところ，「Hope」は，子どもに少し背伸びをさせて，子どもに願いや期待をかけて設定するねらいです。

　その二つをバランスよく授業の中で扱っていくことが，魅力的な授業の一つの条件ではないでしょうか。そのためにも，教材研究は欠かすことのできないものであり，単元の終末まで続けるべきものです。その際はぜひ，教材研究ノートをつくり，言葉をためていくことをすすめたいです。

（今村　行）

読むことの指導

文学的な文章・人物の行動や気持ちを考える指導スキル

POINT
1. 「わからない」にも価値がある
2. 同化すること，異化すること
3. 行動や気持ちがどう表現されているかを読む

① 「わからない」にも価値がある

　文学的な文章を読む授業をつくる時に考えるのは，全ての子にいきいきと楽しく読んでほしい，ということです。本を読むのが好きな子，国語が得意だと自負する子だけが楽しめる授業にはしたくないのです。本嫌い，国語嫌いな子も，当然ながらクラスの中にいるでしょう。そのような子でも授業に積極的に参加していけるようにするために，どうすればよいのか，ずっと考えてきました。

　一つの答えは「わからない」を認めることです。文学的文章を読み，人物の行動や気持ちを考える際，わかる子ばかりでなく，わからない子がいて当然です。物語の主人公が，弟を持つ姉だった場合，同じような家族構成の子は生活経験も相俟ってその主人公の行動や気持ちが「わかる！」となります。しかし，国語も嫌いで，その主人公と全く共通点のない子がそれを読んでも「さっぱりわからない」のが当然なのではないでしょうか。その「わからない」をどのように授業の中で生かすのかを考えてみましょう。

②同化すること，異化すること

　教室の全ての子が，違う土台をもっています。興味関心も，家庭環境も，読書経験も違います。だからこそ，文学的文章を読んだ時も解釈にズレが生まれるのです。「わかる」子がいれば，「わからない」子がいるのが当然なのです。それぞれに適した読み方を提示することをすすめたいです。

　行動や気持ちを考える際，その登場人物に同化できる子は，どんどん同化して考えを広げるとよいです。ただし，本文を読み行動や気持ちの根拠を考えさせることが必要です。自分の経験を重ねただけでは，独り善がりな解釈になりかねません。そうすると読みの力は付いていきません。

　逆に同化できない子は，なぜこの登場人物はこんな行動をするのか，こんな気持ちになるのかを，ある意味一歩引いた目線で本文を読み，考えるとよいです。わからないからこそ，素朴に「どうして〇〇なの？」という問いを出すこともできます。それを軸に授業をつくっていくこともできるでしょう。

　教室で文学的文章を読むということの意義は，一人で読んでいたら同化か異化のどちらかしかできなかった子どもたちが，その読みを提示し合うことで自分とは違った読みに出会い，「それもあるのか」と読みを拡大していくことにあります。みんな「わかる」のであれば，教室でわざわざ読まなくてもいいのです。

③行動や気持ちがどう表現されているかを読む

　また，行動や気持ちを想像することは難しくても，その行動や気持ちがどのような言葉で，どのように表現されているのかを読むことはできます。行動や気持ちといった内容が，どのような形式で書かれているのか，ということです。「走った」と「風のように走った」では，同じ走ったという行動でも，読者の受け取り方が変わってきます。「この時登場人物はどんな気持ちだったのか」と「この時の登場人物の気持ちを，作者はなぜこのように描いたのか」という問いを使い分けることが有効です。

（今村　行）

読むことの指導

文学的な文章・表現や描写を考える指導スキル

> **POINT**
> ❶ 表現や描写の工夫は，それ自体だけでは指導できない
> ❷ 表現や描写の効果を実感する
> ❸ 作者の視点に立ってみる

① 表現や描写の工夫は，それ自体だけでは指導できない

例えば，「比喩とはこういうもので，この文章ではここに使われています」ということをいえても，それは比喩という言葉を知っているだけのことであって，その効果をわかっていることにはなりません。表現や描写を考える時に，それらが何のために，どのように用いられているのかを捉えることが非常に大切です。

② 表現や描写の効果を実感する

「ごんぎつね」の中の叙述を例に挙げて考えてみましょう。月のいいばんに，兵十と加助のあとをごんがつけていくシーンがあります。そこで念仏のあと，「兵十のかげぼうしをふみふみ行きました」という一文があります。多くの子どもは，特に気に留めずにこの文章を読み流してしまいますが，この文章には作者の様々な工夫が凝らされていると捉えられないでしょうか。

まず，この一文は，兵十と加助のあとをつけていきました，と書き換えても意味としては違いがないように思われます。事実，念仏の前には「ごんは，

二人のあとをつけていきました」という描写があります。しかし，読者が受ける印象は同じではありません。

　まず，影を踏むことができる距離の近さが描かれていると考えられます。そして，なぜ兵十の影を踏むのかということも問題です。兵十と加助は２人並んでいるにもかかわらず，あえて兵十のかげを，と作者は表現しています。距離的に近づいたことを描いているだけでなく，ごんが心理的にも兵十に近づきたいと捉えることも可能です。また「ふみふみ」という擬態語を用いることで，ごんの可愛らしさ，健気さも感じられる書き方になっています。

　このように，なぜ作者がこう書いたのか，表現や描写を細かく捉え考えてみると，その時の登場人物の行動の意味や心情の変化を具体的に想像することができます。表現や描写について考える時には，それが何のために用いられているのか，その効果を実感させることが大切です。

③作者の視点に立ってみる

　では，どうすればその効果を実感しやすくなるのでしょうか。一つ効果的なのは，作者の視点に立ってみる，ということです。副詞や形容詞，色，擬音語，擬態語，比喩などを取り去って書き直してみると，作者の意図が見えてきます。再び「ごんぎつね」（光村図書４年下）から例を示しましょう。

（原文　教科書p.9 ℓ7〜9）
雨があがると，……ひびいていました。
　　　　　　（表現の工夫を取り去ったもの）
雨があがると，ごんは，あなから出ました。空は晴れていて，もずの声がひびいていました。

　原文からは，ごんが久しぶりに外に出ることができた高揚感が感じられます。それに比べると，下の文章は実に味気ないです。作者の表現や描写の効果を実感するために，このような比較を授業で扱うことも有効でしょう。

（今村　行）

読むことの指導

詩の指導スキル

POINT
① その詩のよさを知る
② その詩のよさを生んでいる言葉に着目させる
③ 焦点化して問いを立て，クラス全員を巻き込む

① その詩のよさを知る

　一言に詩といっても，様々なものがあります。それら全てに万能の指導法というのはありません。まずは，子どもの実態を踏まえながら授業で扱いたい詩を読み，その詩のよさを知ることが重要でしょう。音読を繰り返してリズムを楽しむことに適した詩もあれば，連と連の対比をじっくり読むことで味わい深くなる詩もあります。印象的な題名に着目させたい詩もあれば，作者は女性なのに，小さな男の子の視点で語られているという面白さが感じられる詩もあります。その詩に合った学習活動，合わない学習活動があります。それをまずはしっかり見極めたいところです。

　そのためには，独り善がりにならないことも大切です。小学校の授業で扱う詩は，大抵短いです。同僚に少し時間を割いてもらって読んでもらうのはどうでしょう。自分の解釈を伝え，授業の構想を伝えることができるとなおさらよいです。その同僚が自分と全く違った解釈をしていたら，その詩に対する自分の解釈も更新され，授業のイメージは広がります。そしてそのような解釈の伝え合いが，そのまま子どもの学習にも活きるはずです。

②その詩のよさを生んでいる言葉に着目させる

　まず，この詩のここがいい，子どもたちを立ち止まらせたいという言葉を教材研究によって明らかにしたいです。繰り返し用いられる言葉，対比的に用いられている言葉，象徴として用いられている言葉などです。その言葉が，詩の授業の核になります。

　次に，子どもがその言葉に，どうすれば着目していけるかを考えていきます。繰り返し用いられている言葉なら，音読の際「同じ読み方がいいかな？それとも少し変えて読むといいかな？」と揺さぶりをかけることでその言葉をもう一度読み直すかもしれません。それまでの詩の展開とは違う印象的な言葉が後半で出てくるのであれば，それを穴あきの状態にして子どもに提示して考えさせてもよいです。その周辺の言葉にも着目してその子なりに解釈していくことでしょう。

③焦点化して問いを立て，クラス全員を巻き込む

　②で述べたように，着目させたい言葉を決めたら，それを生かした問いを立てることが重要です。その問いに対して考えをもつために，子どもは何度も詩を読み返すことができます。読むことが苦手という子でも，長い物語や説明文よりも楽に詩を読むことができるはずです。考えを発表したり，書かせたりする際には，必ず根拠を述べさせたり，手がかりにした叙述を挙げさせたりすることが大切です。

　友達の考えを聞く際にも，短い詩と照らし合わせながら聞けばよいため，根拠が見えやすいです。「僕も同じところに着目した！」「そっちの言葉に着目したんだ！」という言葉が，自然と多くなります。黒板に詩の全文を掲示して，傍線を引いたりすることで考えを見えやすくすることもできます。詩は一見扱いにくいようですが，授業のあり方を工夫すれば，言葉に着目したり，互いに意見を伝え合ったりするのに適した教材ではないでしょうか。

〈今村　行〉

読むことの指導

伝記の指導スキル

> **POINT**
> ❶伝記は「事実の羅列」ではない
> ❷伝記には,作者の意図や見方がある
> ❸被伝者を読むだけでなく,作者の意図や見方を読む

①伝記は「事実の羅列」ではない

　伝記は,「伝え記す」と書きます。ただの「事実の羅列」ではなく,そこには読み手に伝えるための工夫が必ず凝らされています。事実をもとにしつつも,想像が盛り込まれたり,脚色があったりします。わかりやすいのは,歴史をもとにしたテレビドラマや映画でしょう。歴史上の人物がその時何を言ったのか,全てがわかるはずもありません。ですから,脚本家はそこに想像を盛り込み物語を作り上げます。また,その人物にまつわる多くのエピソードから時間や紙面などの枠の中で語るべき内容を取捨選択しています。
　授業をする際にも留意しておきたいのは,伝記が事実の羅列ではなく,何らかの意図をもって書かれた創作物であるということです。

②伝記には,作者の意図や見方がある

　伝記には,二つの種類があります。自伝と他者による伝記です。自伝は,作者が自分を被伝者として書いたものです。他者による伝記とは,作者と被伝者が異なるものです。被伝者の死後書かれるものもあります。読者は,作者というフィルターを通して被伝者を読むということになります。どちらも

教科書には掲載されていますが，他者による伝記の方が多数を占めています。

ここでは他者による伝記に焦点を当てましょう。被伝者は，語られるべき人物ですから，偉人であることが多いです。教科書に掲載される多くの伝記は，その被伝者が苦しんだことや悩んだこと，大きな決断を下すシーンを劇的に描いています。成し遂げた結果よりも，そこまでの過程が丁寧に書かれているといってよいでしょう。そこには必ずといっていいほど，作者の啓蒙的な意図があります。

子どもが伝記を読み，被伝者の生き方に感想をもつのは大切ですが，そこで終わってしまっては，言葉の力を育むことにはなりません。それを描いている作者の意図に目を向け，どのように表現の工夫を凝らしているかを読んでいくことが，国語科として伝記を扱う価値です。

③被伝者を読むだけでなく，作者の意図や見方を読む

伝記は単なる「事実の羅列」ではなく，作者の意図や被伝者に対する見方が反映されるからこそ，面白いのです。それを読むための手立てをいくつか紹介しましょう。

一番わかりやすいのは，異なる作者による伝記を比べて読むことです。同じ被伝者のことを書いた伝記なのに，ここまで印象が変わるのか，と子どもは驚くに違いありません。その驚きを実感してから，細かい言葉にまで着目していけば，作者の意図や見方を味わうことができるでしょう。

違う作者による伝記が見つからなければ，授業者が創作してもよいです。特に意図のない，無味乾燥な事実羅列的な自伝に仕立て直すことは，そこまで手間ではないはずです。その文章と比べて読むことで，元の作者の表現の工夫も浮かび上がってきます。作者の意図や見方を読み取りそれに対して自分の考えを形成し意見を述べ合うような授業を創造したいです。

（今村　行）

読むことの指導

読むことの評価スキル

> **POINT**
> ❶褒めてあげるポイントを具体的にもつ
> ❷本人が気付いていないよさを価値付ける
> ❸子ども同士の評価も大切にする

①褒めてあげるポイントを具体的にもつ

　私の勤める学校には，毎年多くの教育実習生がやってきます。実習生が授業づくりで大いに悩むのが，評価についてです。学習指導案でも，教材研究した成果や，期間中一緒に過ごす中で見えてきた子どもの実態などはいきいきと記述できるのですが，評価について書くことに非常に苦労しているようです。その際，私は「評価というのは，褒めてあげるポイントを具体的にもって子どもを見ることだよ」と伝えています。

　教育実習生の授業を見ていると，子どもを褒める発言がほとんどありません。これは，教育実習生に限ったことではありません。これまで多くの授業を見てきましたが，国語の授業で教師が子どもを具体的に褒める場面というのは実は少ないです。

　なぜでしょうか。例えば「工夫して音読することができる」といった時，本時における音読の工夫とはいったい何でしょうか。なりきって読むのがいいのか，抑揚を付けるのがいいのか，間を取ることがいいのか。曖昧な評価の言葉しかもっていないと，子どもの具体的な姿があったとしても，それを評価し褒めてあげることができません。まずは具体的にどのような姿がいい

のかをイメージし，言葉にしておくことが重要です。具体的にイメージすると，それに固執してしまうのではないか，と思われるかもしれません。しかし，具体的にイメージしておくからこそ，それとは違うよさが出てきた時にも素早くキャッチすることができるのではないでしょうか。予想外のよさが表れた時，こちらも嬉しくなるものです。その面白さを実感すれば，教育実習生でも評価をいきいきと記述できるようになります。

②本人が気付いていないよさを価値付ける

例えば，文学的な文章を読み，問いを立ててクラスで話し合い，自分の考えをノートに書かせて回収した際に，これはぜひクラスのみんなに紹介して，クラスでの話し合いに生かし，読みを深めたい，ということがあったとします。その子に確認をとってみると，自分の考えの価値に気付いていないことがあります。それは当たり前で，我々教師は子ども全員のノートを回収して考えを把握しているからこそ，その子の意見が全体の話し合いに生かされた時の「化学反応」をイメージできます。その子は他の子の意見を知らないわけですから，そこまでイメージできないし，自分の意見の価値がわからないのです。その子の意見を次の授業に生かすことで，初めてその子自身も自分の考えの価値を実感できます。本人が気付いていないよさを見過ごさず，流さず，しっかり評価し実感させていくことが我々の役割ではないでしょうか。

③子ども同士の評価も大切にする

教師が褒めるポイントを具体的にもち，本人が気付いていないよさを実感させていくことは重要です。しかし，教師に褒められるのもいいですが，子どもが何より充実感を得て成長していくきっかけになるのは，子ども同士の評価です。「〇〇くんの意見，なるほど！」「そう考えたんだ！私とは違うけど，それもわかるな」という互いの声が生まれる教室にしたいです。そのためにも，まずは教師が具体的に評価することを地道に続けていくことが大切です。それが，やがて子どもに移っていきます。

(今村　行)

個々の指導

漢字が苦手な子への指導スキル

POINT
❶量より質を優先する
❷教え込みではなく気付きのある学習にする
❸クイズで楽しく覚える

①量より質を優先する

　多くの子どもが漢字の学習に拒否反応を示すとすれば，単純に漢字の練習を繰り返すという作業ではないでしょうか。漢字を学習する目的は，漢字を正しく覚える（書ける）ことと，文中で正しく使えることです。漢字を習得する際に必要な要素は，筆順，字形（線の長さ，角度，とめ・はね・はらい等），読み方，送り仮名です。筆順の正誤は字形に関係してきます。

　漢字練習をする際に，何行，何ページと量を課した場合に，どれだけ丁寧に，とめ・はね・はらいを意識して練習することができているかが重要です。初めは丁寧に書いていたとしても，だんだんと雑に書いてしまっていたとしたら，練習の意味がありません。目的が与えられた量の課題をこなすことになってしまい，漢字を正しく覚えることに意識が向いていないかもしれません。

　そこで，漢字の学習を量から質に転換します。
　（1）漢字の筆順を確認しながら書く。
　（2）字形を意識して書く。（線の長さ，角度，とめ・はね・はらい等）
　（3）筆順と字形を意識して3〜5回書く。

（4）漢字の読み方・送り仮名を確認し，例文をつくる。

　練習の際に気を付けたいことは，字を大きめに書くことです。字を大きく書くことで，より線の長さや角度，とめ・はね・はらい等を意識させることができます。一画一画，丁寧に書く習慣を付けさせることが肝心です。

②教え込みではなく気付きのある学習にする

　漢字の画数や筆順，字形について教師が一方的に教えるのではなく，子どもに気付かせることが大切です。例えば，「天」の書き方で多く見られる間違いは，二画目を一画目の横線よりも長く書いてしまうことや四画目を一画目のところから書いてしまうことです。筆順や字形のポイントを子どもに発言させながら漢字の学習を積み重ねていきます。そうすることで，漢字ドリルのお手本を見る意識が変わり，書く時に気を付けるポイントを理解できるようになります。

　筆順を意識させる際には，一画目，二画目とだけ説明するのではなく，字形も同時に意識できるように，何線をどのように書くのかを気付かせ，言葉遊びのようにリズムよく唱えながら書きます。「横線長く斜め上，横線短く斜め上，真ん中大きく左にはらって，最後に大きく右にはらう」のようにです。ある一定のパターンを覚えると，子どもがつくれるようになり，このオリジナルの「書き方うた」を使って，漢字当てクイズも出せるようになります。

③クイズで楽しく覚える

　漢字を習得したか確認するためにクイズ大会を開きます。教師の書いた漢字の間違い探しをしたり，筆順リレーなど，様々なクイズを考えて楽しく間違いに気付くことができるようにします。間違いに気付くことができたことを価値付けながら，字を書く楽しさや漢字を使える面白さを味わわせていくことが漢字の学習に大切なことです。

（大島　静恵）

個々の指導

音読が苦手な子への指導スキル

POINT
❶苦手さの原因と指導方法を合致させる
❷音読の目的と観点を明示する
❸不安を取り除き，評価を可視化する

①苦手さの原因と指導方法を合致させる

　音読が苦手と一言で言っても，その原因が一つとは限りません。子どもによって何が原因で音読が苦手になっているのかを知ることが，指導や支援の第一歩です。苦手さを感じるのには下記のような原因が考えられますが，これはあくまでも一部であり，子どもにより様々な原因があることを理解した上で指導方法を追求していくことが重要です。例えば，
　①語を意味の成り立つ言葉のまとまりで捉えていない。
　②漢字を覚えていない。
　③文章を目で追うことが苦手。
　④音読する際に意識することがわからない。
解決策としての一案です。
　①語のまとまりごとに丸で囲んだり，斜線を引いたりする。
　　語のまとまりごとに間隔をあけた文章に打ち直す。
　　教師の音読を聞かせ，言葉の区切りを覚えられるようにする。
　②漢字の横に振り仮名を振る。
　③指でなぞりながら読む。

リーディングトラッカーを使いながら読む。

④音読する際の留意点を示す。

リーディングトラッカーとは，読書補助具です。栞の中央部分に穴が開いていて，読んでいる行以外を覆い隠すことで，文字を目で追いやすくするものです。リ

ーディングトラッカーなどを活用して音読する場合，決して特別なものではなく，必要性を感じたら誰もが気軽に使用していいという受容的で支援的な学習環境をつくることが重要です。

②音読の目的と観点を明示する

上述の④「音読する際の留意点を示す」ことに関連しています。音読をする際には，様々な目的があります。内容を理解するため，音読で内容を表現するためなど，学習内容によって異なります。また，内容理解のための音読であっても発達段階によって効果的な音読の方法は異なります。何のための音読なのか，そのために何を意識して音読することが必要なのか，その観点を明確に示し，子どもが理解した上で音読することが重要です。

③不安を取り除き，評価を可視化する

音読に苦手さを感じている場合，一人で音読することに抵抗があるため，ペアで読んだりグループで読んだりすることが手助けになります。また，教師の範読の後に追いかけて読んだり，教師が隣で一緒に音読したりすることも効果があります。音読の観点が「大きな口を開けて」「はきはきと」などと目や耳ですぐに判断できる項目であった場合，その場で色別のシールを貼るなど目でわかる評価（たたえる）をするとできていることを子ども自身が自覚でき，自信にもつながります。

（大島　静恵）

個々の指導

書くことを面倒がる子への指導スキル

POINT
❶量ではなくて質を大切にする
❷個別対応を丁寧に行う
❸達成感を大切にする

①量ではなくて質を大切にする

　「書くこと」の学習の中で，特に原稿用紙に作文する場合，枚数を多く書けている方が「すごい」「えらい」と思われがちです。書くことが苦手な子にとって，そのことが何より苦痛なのです。結果として，同じ内容を書いた子でも「3枚書けた子」に対して「1枚しか書けなかった子」と，「1枚しか」と言われてしまって，やる気をさらに失くしていくということが考えられます。

　しかし，よく読んでみると，3枚書けたとしても似たようなことを繰り返し書いていて，くどくて読みにくいということもあります。1枚でも，大事なことだけしっかり強調して書けていると評価できる場合があります。

　よって，日頃から量を強調する指導に傾倒せず，内容で評価することを大事にしていきたいですね。

　質の向上を求めていくために，文学的文章であらすじをつかむ学習や，説明的文章で要約する学習に重点を置いていくと，自分の伝えたいことを短くまとめることの大切さに気付くことができ，普段書く文章も，とにかく長くだらだらと書く文章から脱却することができます。

②個別対応を丁寧に行う

　「書くこと」の学習では，得意・不得意に関係なく，いかに個別対応をきちっと行ったかが，学習効果を高めるのに大切になります。授業が終わって，書き上がった作品を見て個別対応することも必要ですが，苦手意識をもっている子に対しては，特に授業中の関わりが重要です。おそらく，こういった子どもは，何をしていいかわからなかったり，何て書いていいかわからなくて困ってぼうっとしていたりすることが多いと思います。そこで個別に関わり，話しかけて，書こうとしていることを引き出す等の支援が大切です。

　場合によっては，皆が使っているワークシートや原稿用紙とは違う用紙を準備したり，ヒントカードを用意しておくなど，既習単元での表れももとにして，準備をきちんと行っておくことが，こういった子どもたちにとっては必要不可欠となります。

③達成感を大切にする

　「書くこと」に限りませんが，学習へのやる気がもてない子どもの多くは，「どうせできないから」と早々に諦めてしまい，学習から避けてしまう傾向にあります。

　ですから，「できた！」という感覚を子どもの中に宿すことがとても大切です。「書くこと」についていえば，「書けた！」です。そのために，ワークシートはある部分を埋めればできあがるものを準備したり，子どもに寄り添って教師と一緒に取り組ませたりすることが考えられます。しかし，ずっとその子に寄り添っているわけにはいきません。また，鉛筆を持って書くという行為そのものが面倒だという子どもも多くなってきました。その点を解決する方法の一つとして，iPadやPCを活用して書かせるのもよい方法です。書き換えや上書き保存も容易にできます。鉛筆と原稿用紙で書くより早く，文章を仕上げることができるためおすすめです。

（土屋　晴裕）

個々の指導

字が乱雑になってしまう子への指導スキル

> **POINT**
> ❶丁寧な字を書きたいという願いを育てる
> ❷丁寧に書くためのチェックポイントを確認する
> ❸文字を分析することを習慣付ける

①丁寧な字を書きたいという願いを育てる

　パソコンやスマートフォンが発達して久しいですが，やはり日本は手書き文化をも大切にする国です。御礼状や年賀状などの季節の挨拶の葉書，履歴書や願書などは，まだまだ手書きが添えられることが多いでしょう。先生方は子どもたちのノートを見る時に，同じ内容を書いていても字が丁寧な子のノートは中身まで充実しているように見えたことはないでしょうか。

　きれいな字を書くことは難しいことですが，丁寧な字を書くことは誰にでもできます。子どもの丁寧に書きたいという願いをいかに育てるかが，教師の腕の見せどころです。丁寧に書くことの大切さを折に触れて話したり，少しでも丁寧に書けている文字を見つけ出して褒めてやったりすることも，子どもの意欲を掻き立てるでしょう。もちろん，教師が丁寧な字で普段から範を示すべきであるということは，言うまでもありません。

②丁寧に書くためのチェックポイントを確認する

　丁寧に文字を書くには，前述した丁寧に書きたいという願いを子ども自身がもっている必要があります。では，丁寧に書きたいという思いをもちなが

らも字が乱雑になってしまう子にはどのような指導をすればいいのでしょう。まず，子どもが字を書いている時に筆記のスピードが速すぎないかを確認します。一画，一画がササッと流れるように過ぎていってしまうことは，字が乱雑になる一番の原因です。ゆっくり書く＝丁寧に書けるようになるということを，伝えるといいでしょう。また，鉛筆の持ち方や，鉛筆を持たない方の手で紙を抑えること，正しい姿勢で書くことも，併せて確認したいチェックポイントです。

③文字を分析することを習慣付ける

　文字が乱雑になってしまう子の中には，丁寧に書こうと思っても正しい文字の形がつかめていない子が多くいます。正方形のマスの中で，一体どこから書き始めて，どのように文字のバランスを取ればいいのかわからなくなってしまうのです。そこで，平仮名や片仮名，漢字の指導をする時には十字リーダーを手がかりにするようにしましょう。始筆（書き始め）は十字リーダーで仕切られた四つの部屋のうちどの部屋に置くべきなのか，偏と旁は縦のリーダーを目印に分かれるのでよいのかどうかなど，新出の字形について分析させ，子どもに気付いたことを発表させるのです。加えて，文字全体のバランスやどの画が一番長いのかも分析させるとよいでしょう。

　私はあえて，新出の文字を教える時に×字（ばつ字）として，当該学年の子がよく書くミスケースを先に示します。「これはどこが×字かな？」と言いながら文字を書くと，子どもたちから「２画目が長すぎる！」「むすびがおかしい！」のように指摘が出ます。この指導を入れることで，子どもが自分でドリルやノートに文字を書いた時に，「あ，これはさっき見た×字になっている」と気付いて直すようになります。自分の書いた字の字形の間違いを指摘されるよりも，教師が示した×字を手がかりに子ども自身が間違いに気付く方が，書き直そうとする意欲につながります。

（外川　なつ美）

個々の指導

本に興味がない子への指導スキル

POINT
❶教師が読み聞かせをする
❷図書室へ行って，一緒に本を探す
❸本の紹介をし合う

①教師が読み聞かせをする

　本に興味をもつきっかけは何でしょうか。様々あるかもしれませんが，読み聞かせをしてもらった経験が，自分の読書経験の土台になっている人たちも多いのではないでしょうか。

　低学年では，国語の時間が多くあります。その中の1時間を，「読み聞かせ」の時間としてみてはどうでしょうか。担任の教師に本を読んでもらうことは，子どもたちにとって，教師が思っている以上に大きな影響を与えます。本の選び方ですが，学級文庫にある本，図書室にある本と，子どもたちの身近にある本がよいです。読み聞かせの後，自分で読んでみたいと思ったらすぐに読める場所に本があることが，今後の読書意欲につながります。

　友達と肩を寄せ合って座り，教師の声に耳を澄ませてお話の世界に浸る。こういった時間を一日の中につくることは，落ち着いた学級づくりのためにも重要です。

　高学年で読み聞かせの時間を確保することは難しいということであれば，給食時間に教師が少しずつ物語を話して聞かせることも考えられます。

②図書室へ行って，一緒に本を探す

　本に興味がないことの原因の一つに，「本に触れ合う機会が少ない」というものがあります。それならば，子どもたちが本に触れる機会を意図的につくることも考えられます。本に馴染みのない子は，読む前から「面白くないだろう……」と思っていることも多いのです。

　そこで，図書室へ行って好きな本を読んでいい時間を設定します。本に興味がない子は，図書室をうろうろしているだけかもしれません。そうした時に，教師が「一緒に本を探そう」と声をかけて，その子がどんな本なら興味をもてるかどうかを考えながら本を探します。最初は，絵がたくさんある図鑑や紙芝居でもいいです。まずは，本に親しむことから始めてみましょう。

③本の紹介をし合う

　クラスの中に，本が好きな子が何人かいると思います。その子たちが本の紹介をする時間を設けてみてはどうでしょうか。例えば，朝の会のプログラムの中に，「スピーチ」があるとしたら，その時間に本の紹介をしてもらう，あるいは，国語の授業の最初の5分間に本の紹介をする時間を取る等，本の内容や面白さを共有する場を設定するのです。最近では，「ビブリオバトル」を授業に取り入れる教師も増えていると聞きます。「ビブリオバトル」とは，本の紹介をし合う活動ですが，以下のような公式ルールで行われます。

> ①発表者が読んで面白いと思った本を持って集まる。
> ②順番に1人5分で本を紹介する（小学生など，初めての場合は，「ミニ・ビブリオバトル」として3分で行うことも可）。
> ③それぞれの発表の後に参加者全員でその発表に関するディスカッションを2～3分行う。
> ④全ての発表が終了した後に，「どの本が一番読みたくなったか」を基準とした投票を，参加者全員1人1票で行い，最多票を集めた本を「チャンプ本」とする。

　本に興味のなかった子が，少しでも気に入った本を紹介することができたら，それは自信となり，今後の読書意欲にもつながります。　　　　（廣瀬　修也）

個々の指導

話すのが苦手な子への指導スキル

POINT
❶話すのが苦手なことへの不安を取り除く
❷発言以外でも，見えるようにすることはできる
❸その子の興味・関心を探る

①話すのが苦手なことへの不安を取り除く

　授業参観の後に，保護者の方から「うちの子は授業中発表していなかったのですが，大丈夫でしょうか」と聞かれたことがあります。なるほど，確かに授業で手を挙げ発表している子の方が授業に積極的に参加しているように見えるでしょう。しかし，子どもの授業への参加の仕方というのは，何も手を挙げてクラスのみんなの前で話すことだけではありません。ボーッと過ごしているように見えても，子どもはそれぞれに授業の中で思考しています。ただ，子ども一人一人の思考を授業から見取ることは，授業を専門としている教師以外の人たちからするとかなり難しいのが事実です。

　授業中に手を挙げて発表するのが苦手な子は，それだけで劣等感を抱いていることもあります。そのような保護者や子どもの不安を取り除くことがまず大切です。発表すること，話すことだけが自分の意思表示の方法ではないことを伝えることで，子どもは安心し思考することができます。そして，安心することで，話したい，伝えたいという意識も芽生えてきます。

②発言以外でも，見えるようにすることはできる

話すこと，発表することは，確かに自分の意思表示の仕方として有効です。ただ，それだけが意思表示の方法ではありません。様々な工夫を凝らすことで，話すことが苦手な子どもの考えもクラスの話し合いの俎上に載せることができます。

　例えば，クラス全体で，問いを立て，自分の意見を発表し合い，共有する場面を思い浮かべてみましょう。ここで，問いを二項対立の形にし，名前のマグネットを貼ってみれば，全ての子どもの考えが互いに見えるようになります。話せなくとも，「自分の考えはこうだ」という意思表示をすることができるのです。それを用いて教師や子どもが「〇〇さんはここに名前があるけれどどんな意見なの？」と問えば，恥ずかしがりながらも意見を発表しようとするでしょう。また，ノートに自分の考えを書いた後ノートを回収し，話すのが苦手な子の意見を教師が把握して次時の導入で提示したり，意見を文字化してプリントにし，配布したりすれば，たとえ話さなくても意思表示をすることができます。赤ペンで丸をしたりコメントを入れたりして励ます中で，「発表してみようかな」という気持ちをわかせることもできます。

③その子の興味・関心を探る

　興味・関心があることについては人に自分の意見を伝えたくなります。「この題材で，あの子に活躍してほしいな」と願いをかけることができると，授業の準備も楽しくなります。この説明文なら昆虫好きのあの子が活躍してくれるだろうな，この物語は，あの子は自分を重ねて読むだろうな，と想像しながら教材研究をします。それを地味ながらこつこつ積み上げることが授業につながります。

（今村　行）

個々の指導

自分の気持ちをうまく言葉にできない子への指導スキル

POINT
❶その子が言葉にできない原因に寄り添う
❷気持ちを汲み取って言葉にしてあげる
❸表現の方法を変える

①その子が言葉にできない原因に寄り添う

　子どもたちの個性は十人十色です。各家庭の環境も違えば，育ってきた環境も違います。子どもたちの中には自分の気持ちを言えない環境で育ってきた子どももいれば，表現力が拙かったり語彙が少なかったりする子どももいるかもしれません。言葉の代わりにすぐに手が出てしまうという子の中には，配慮を要する場合もあるかもしれません。目の前にいる子どもたちが言葉にできない原因を教師が一方的にラベリングをしてしまうのは危険です。そこで，年度初めから様々な情報を収集（引き継ぎ，個人面談等での保護者の様子），記録（おや？と思った出来事や印象に残った出来事など）し，客観的に分析することが重要です。変わるべきは子どもではなく，まず教師の接し方や見方なのではないでしょうか。

②気持ちを汲み取って言葉にしてあげる

　自分の気持ちを言葉にできない子どもたちを前にした時，まずは「待つ」ということが重要です。非常に根気が必要なことです。待つ中で，口元が少し動いたりすることもあれば，表情が少し変わったりすることもあるでしょ

う。
　しかし中にはどんなに待っても語り出そうとしない，語らないという子もいるでしょう。そういった子には「こういう気持ちだったの？」「こうしたかったの？」と代わりに表現してあげたり，「AとBとCだったらどれが近い？」と自分の気持ちを選択させたりする手立てを講じてみるとよいです。必ずしも教師側の提示する選択肢がヒットするとは限りませんが「話してごらん」という大きな枠組みの中で待っているよりも，その子の気持ちをまずは汲み取って「選ぶ」「頷く」という行為をさせることで，ぐっとハードルを下げ，その子が言葉にするきっかけをつくってあげるとよいでしょう。

③表現の方法を変える

　自分の気持ちを表現することが苦手な子の中には，どんな言葉で，どのように表現したらよいか迷って表現することができない子もいるかもしれません。中には表現した言葉が支離滅裂で，理解しづらいという場合もあるでしょう。そこで時間を取ってじっくりと考え書いて表現させることで，自分の想いを表現できるようになることがあります。「話す」という行為と「書く」という行為は同じ自己表現の一つです。よって話すことに限定するのではなく，書いた文章や表現もその子の想いとして受け止めるべきです。時にはその文章をもとにしながら，改めてともに話をすることで，より子どもの気持ちに近い表現ができるようになることもあるでしょう。
　また日常的に書くという行為を積み重ねていくことも重要です。中でも岩瀬直樹氏が取り組んでいる「ふり返りジャーナル」は，文の量的にも子どもたちに負担のない形で毎日続けることができ，子どもたちとの1対1の関係づくりにも効果的です。形式にとらわれず，子ども理解のための第一歩，そして自己表現の練習として日頃から取り組んでいくとよいでしょう。

（久保田　旬平）

個々の指導

言い方が乱暴になりがちな子への指導スキル

POINT
❶内容を認める
❷場面に合った言葉遣いを指導する
❸環境を整える

①内容を認める

　言い方が乱暴な子の発言に対して，発言の内容と言い方を分けて考えましょう。教師に全て否定された子どもは，不満をもったり，自己肯定感が低くなったりします。まず，内容面に関しては，よいところやよく考えているところは褒めて認めましょう。その上で，せっかくのよい意見なので，言い方がよくなれば，みんなからも一目置かれる存在になれることを伝えます。言い方に関しては個別で指導を入れ，周りに受け入れてもらえるような言葉遣いになるように考えさせます。言い方が乱暴な子どもに対しては，発言一つ一つを丁寧に指導し，最終的に子どもの中でよいか悪いかを判断できるようにしましょう。

②場面に合った言葉遣いを指導する

　言い方が乱暴になるのは，成長過程として起こるものです。友人関係の広がりや背伸びする気持ちから言い方が乱暴になることもあります。言い方が乱暴になっている背景を教師が理解し，子どもの内面と向き合えるように意識しましょう。その上で，場面に合った言葉遣いを一つ一つ指導していきま

す。

　言葉を通したコミュニケーションにおいて，言葉からの影響は大きいことを実感させましょう。そのために，定期的にロールプレイをして，どのような思いなのかを感じさせます。急に改善することは難しいので，長期的な視野で見守っていきます。道徳の学習で，友達に言われて心が温かくなる言葉と冷たくなる言葉を考え，教室掲示で可視化し，日常生活で意識させることも有効です。

　授業中，休み時間，家庭，公共の場など，TPOによって言葉遣いが違うことも捉えさせましょう。また，教師，親，上級生，下級生など，相手によっても変わることも同様です。学年が上がるにつれ，だんだんと理解できるようになります。場面に合わせた言葉遣いを意識させましょう。授業では，誰もが自由に発言でき，みんなに受け入れられている環境をクラス全体で育てていきましょう。

③環境を整える

　多感な子どもにとって，環境はとても大事です。周りの人の言葉遣いを聞き，自然と自分に取り入れていきます。学校では教師，家庭では両親やテレビなどからたくさんの影響を受けます。当たり前ですが，教師自身が子どもに対して丁寧な言葉遣いをします。子どもは教師の言動をよく見ていますから，お手本となりましょう。

　家庭に向けては，必要に応じて保護者会や個人面談の機会で，言葉遣いについてお話しするのも効果があります。特に，テレビを観ていて，出演している人の真似をして，学校で様々な言葉を発することがあります。テレビを観るのが悪いことではないのですが，授業中に発するべきことなのかどうかについては，しっかりと区別させましょう。

（渡邉　知慶）

個々の指導

78 自分の意見ばかり言ってしまいがちな子への指導スキル

POINT
❶自分の意見をもっていることを認める
❷聞くことの大切さを実感させる
❸「みんな」で学習するよさをもたせる

①自分の意見をもっていることを認める

　自分の意見がもてる子どもと，もてない子どもがいます。自分の意見をもち，それを言えることはとてもすばらしいことです。低学年から，周りに流されることなく，自分の意見がもてるように指導していく必要があります。

　自分の意見ばかり言うことを否定すると，自己肯定感が低くなったり，学習意欲が低くなったりします。教師は，一方的に否定せず，認めるところは大いに褒めましょう。子どもの実態を見極め，変えた方がよいところは個別に指導しましょう。言おうとしていることをノートやワークシートに書かせ，物事を整理してから発表させる工夫があります。

　まずは，自分の意見をしっかりもっていることに対してしっかりと認めましょう。その上で，自分の意見ばかり言ってしまうことのデメリットを実感させ，改善していくとよいでしょう。

②聞くことの大切さを実感させる

　「自分の意見を言うこと」と「人の意見を聞くこと」はどちらも大切です。まずは，「人の意見を聞くこと」から始まることを指導します。その後，聞

いたことをもとに，自分の考えを再構成して「自分の意見を言うこと」ができます。国語の学習に限らず，他教科の学習や日常生活でも同じであることを実感させましょう。自分の中に人の話を全て受け入れる姿勢をもつことが大事です。途中で話を遮ったり，質問したりせず，まずは人の話が終わるまで聞きます。そして，反論をしたり，説明をしたりする土台をつくります。途中で話を遮った時には，その場で「まずは話を聞くことがお互いにとって大事である」ことを指導します。聞くことの大切さを実感させるために，友達の考えでなるほどと思ったことや参考にしたことを発表させ，全体で共有する時間をつくってもよいでしょう。

　しかし，低学年の発達段階では，周りが見えないことが多く，自分の主張をして満足することもあります。クラスでは，必ず自分の主張を押し通そうとする子どもが出てきます。悪いことではありませんが，「自分の意見を言うこと」と「人の意見を聞くこと」という両輪が回ることで，クラス全員にとってプラスになります。「自分の意見を言う」時に，友達がどのような「意見を聞く」態度だと嬉しいのかを考え，聞くことの大切さを意識させましょう。

③「みんな」で学習するよさをもたせる

　クラスという単位で学習を行います。子どもの一人が中心となって進めるわけではなく，クラス全員が参加し，「みんな」で学習を進めていきます。また，クラスの友達は，仲間であり，敵ではありません。自分の意見ばかり言うことのデメリットの一つに，「自分一人だけ」で学習することがあります。自分の意見に固執することなく，友達の考えを受け入れ，参考にしながら，自分の意見を再構成していくことが大切です。

　「自分の意見を言う」側と「意見を聞く」側が影響し合って，お互いにとって有益になるように考えさせましょう。

（渡邉　知慶）

個々の指導

活動が早く終わってしまった子への指導スキル

POINT
❶挑戦したくなる仕組みをつくる
❷学習の見通しをもてるようにする
❸友達と学び合えるシステムをつくる

①挑戦したくなる仕組みをつくる

　学習課題が速く終わってしまい，次に何をするのか時間を持て余してしまうことはもったいないことです。次の学びへとつながる課題や学習活動を事前に用意しておきます。

　学習課題を行う時には，量と質の二つのことを求めると思います。学習内容によってはどちらかを重視している場合もあります。

（１）量を求める場合

　量を重視する場合は，算数の計算問題を解く時や社会の都道府県名や歴史上の出来事などを覚える時です。繰り返し学習することで効果がある時には，量を重視した課題を用意します。

〇問題別の学習プリントを用意しておく

　この場合，学習課題やレベルを提示しておくと，子ども自身が自分の苦手分野に挑戦したり，レベルを上げていけるようにできるだけ集中して速く解けるように努力したりします。

〇「キリンさんプリント」などプリントを加工する

　子どもによっては，量に圧倒されて手が出ない子どももいます。プリント

を半分にしたり，縦長に切って細長く貼り付けて（個人的に「キリンさんプリント」と呼んでいる）形を変えたりして取り組みやすくします。

(2) 質を求める場合

どの教科でも考え方を問う時は，自分の考えで満足せずに，友達と話し合ったり確かめ合ったりする学習活動を行うようにします。日頃の学習習慣が重要です。

❷学習の見通しをもてるようにする

前述の「(2) 質を求める場合」の学習活動に関連しています。一つの課題が終わった後に，次に何をしたらいいのかを子ども自身が学習活動を理解していることが大切です。例えば，同じ算数の問題でなぜ解き方が違うのか説明し合ったり，国語の書くことの学習であれば，早く終わった子ども同士で誤字脱字がないか読み合ったり，感想を伝え合ったりすることもできます。できるだけ無駄な時間をつくらないようにすることが大切です。何のためにその学習活動をするのかその必要性を子どもが感じて取り組めるようになることが，主体的に学習に向かう態度を養うことにつながります。

❸友達と学び合えるシステムをつくる

自分で応用問題をつくったり友達と問題を出し合ったりする習慣や柔軟な学習環境を整えておくと効果的です。問題の答えを教室内に置いておき，自分で答え合わせをして自主学習を進められるようにしておくことも一つです。

（大島　静恵）

80 特別支援が必要な子への指導スキル

個々の指導

> **POINT**
> ❶文字指導：塗り絵・マーカーで下書きする
> ❷ノート指導：目線は横移動にする
> ❸座る指導：「できた」を増やす

　特別支援が必要な子どもが学級にいた場合，自分一人で判断することなく，管理職や学年の教師，特別支援を専門とする教師，スクールカウンセラーなどに相談することが賢明であるということです。組織的に連携を図りながら子どもの実態を適切に見取った上で，子どもの困り感に合った支援を行っていくことが重要です。

　ここでは，通常級の中で実施可能な支援として効果が見られた一例をご紹介します。この方法がどの子どもにも合うとは一概にはいい難く，経過を見ながら特別支援の先生方と相談しながら指導にあたる必要があります。

　授業では，色分けなどをしてわかりやすく見やすい板書を心がけます。

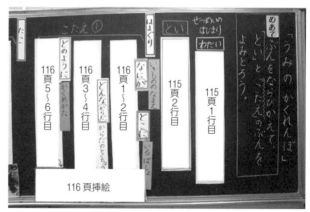

「うみのかくれんぼ」（光村図書1年上）

①文字指導：塗り絵・マーカーで下書きする

　字をマスの中におさめて書くことが苦手な子どもに対する支援の一例です。多くの場合，指の力が十分でなく鉛筆を正しく持てていないことや鉛筆を操作するための指の動きができていないことが考えられます。指を細かく動かしたり，鉛筆の濃淡をつけたりできるようになると，とめ・はね・はらいが上手に書けるようになります。粘土遊び，折り紙遊び，塗り絵，指や手で体重を支えるマット運動遊びを繰り返し行います。文字の練習では，マーカーで太めの線を書き，その中からはみ出さずに書くことにします。条件を緩めることで，安心して書ける効果もあります。

②ノート指導：目線は横移動にする

　板書を写すのに時間がかかる子どもがいます。その場合，黒板からノートへと上下に動かす目の動きが苦手なのかもしれません。特別支援学級では，ビジョントレーニングをします。通常級では，予め教師が書いておいたノートを横に置き，目を動かす距離を短くするとスムーズに書き写すことができます。

③座る指導：「できた」を増やす

　じっと座っていることが苦手な子どもがいます。姿勢保持に関わる筋力が付いていないことや，学習がわからなくなって立ち歩いてしまうなど，理由は様々です。目標ができたらシールを貼る「がんばりカード」や，立ち歩きたくなったら専用の引き出しからプリントを取り，1枚できたら先生を呼んで花丸をもらうルールを決めます。徐々にプリントの枚数を増やすことで座っている時間を長くしていきます。

（大島　静恵）

【編著者紹介】

中村　和弘（なかむら　かずひろ）
川崎市内の公立小学校教諭，東京学芸大学附属世田谷小学校教諭を経て，現在東京学芸大学准教授。

清水　良（しみず　りょう）
都内公立小学校主任教諭を経て，現在，東京学芸大学附属世田谷小学校教諭。

【執筆者紹介】

中村　和弘	東京学芸大学准教授
久保田旬平	早稲田実業学校初等部
大島　静恵	東京都福生市立福生第七小学校
吉野　竜一	埼玉大学教育学部附属小学校
清水　良	東京学芸大学附属世田谷小学校
外川なつ美	慶應義塾横浜初等部
廣瀬　修也	お茶の水女子大学附属小学校
金本　竜一	関西大学初等部
渡邉　知慶	学習院初等科
土屋　晴裕	東京学芸大学附属大泉小学校
今村　行	東京学芸大学附属大泉小学校

小学校国語　指導スキル大全

2019年4月初版第1刷刊　Ⓒ編著者　中村　和弘
2020年1月初版第2刷刊　　　　　　清水　良
　　　　　　　　　　　発行者　藤原　光政
　　　　　　　　　　　発行所　明治図書出版株式会社
　　　　　　　　　　　http://www.meijitosho.co.jp
　　　　　　　　　　　(企画)木山麻衣子　(校正)㈱東図企画
　　　　　　　　　　　〒114-0023　東京都北区滝野川7-46-1
　　　　　　　　　　　振替00160-5-151318　電話03(5907)6702
　　　　　　　　　　　ご注文窓口　電話03(5907)6668

＊検印省略　　　　　組版所　広研印刷株式会社

本書の無断コピーは，著作権・出版権にふれます。ご注意ください。

Printed in Japan　　ISBN978-4-18-392616-6
もれなくクーポンがもらえる！読者アンケートはこちらから →